AL

MOBILI...

E SEINE...

XT EXPLICATIF

ALBUM

OBJETS MOBILIERS ARTISTIQUES CLASSÉS
DE SEINE-ET-OISE

MONTDIDIER. — IMPRIMERIE J. BELLIN

PUBLICATION
DE LA COMMISSION DE SAUVEGARDE DES ŒUVRES D'ART EXISTANT DANS LES
ÉDIFICES RELIGIEUX DU DÉPARTEMENT DE SEINE-ET-OISE

ALBUM

DES

OBJETS MOBILIERS ARTISTIQUES

CLASSÉS

DE SEINE-ET-OISE

D'APRÈS LES PHOTOGRAPHIES
DE MM. MARTIN-SABON, P. COQUELLE, LE BARON BURTHE D'ANNELET
ET BOURDIER

PRÉCÉDÉ D'UNE INTRODUCTION

PAR

M. ALF. PAISANT

VICE-PRÉSIDENT DE LA COMMISSION DES ANTIQUITÉS ET DES ARTS DE SEINE-ET-OISE

ET D'UN

TEXTE EXPLICATIF

PAR

M. P. COQUELLE

CORRESPONDANT DU MINISTÈRE DE L'INSTRUCTION PUBLIQUE ET DES BEAUX-ARTS

PARIS

LIBRAIRIE ALPHONSE PICARD ET FILS

RUE BONAPARTE, 82

—

1910

INTRODUCTION

Le 8 juin 1905, Monsieur le Ministre de l'Instruction publique, des Beaux-Arts et des Cultes prescrivit par une circulaire la constitution dans chaque département d'une commission de sauvegarde des objets mobiliers existant dans les édifices religieux et qui présentent de l'intérêt au point de vue artistique et archéologique. Un arrêté du 6 juillet 1906, en exécution de cette circulaire, institua une Commission de classement et de conservation pour le département de S.-et-O., cette commission devant se réunir une fois par mois, et désigner son vice-président et son secrétaire. M. Poirson, alors Préfet, la composa de membres choisis principalement dans le sein de la Commission des Antiquités et Arts, auxquels furent adjoints les architectes des monuments historiques du département. M. Paisant, président honoraire du tribunal civil de Versailles, et vice-président de la Commission des Antiquités, fut élu vice-président de la nouvelle Commission, dont le Comte de Bricqueville fut élu secrétaire.

Habitués depuis un grand nombre d'années à s'occuper du classement des monuments historiques et de l'inventaire des Richesses d'art de la France, un certain nombre des membres de la Commission de sauvegarde continuèrent, avec une ardeur nouvelle, à travailler à la tâche entreprise des propositions de classement. A chacune des Séances assez nombreuses qui furent tenues à la Préfecture, des fiches étaient présentées, appuyées de photographies des objets à classer et de brèves notices. Après leur adoption par la Commission, elles étaient adressées au Ministère des Beaux-Arts par l'intermédiaire du bureau compétent de la Préfecture pour être définitivement classées. La présence fréquente de Monsieur l'Inspecteur général Franz Marcou facilitait beaucoup la besogne.

Mais la loi du 9 décembre 1905 avait prévu un délai de trois années seulement pour opérer le classement et, en droit strict, les commissions départementales de sauvegarde cessaient à cette date d'avoir une existence légale. La mission de ces commissions paraissait même à certains égards superflue. En effet, en décembre 1908, le Ministre des Beaux-Arts avait fait paraître une circulaire qui définissait les droits et obligations résultant pour les autorités communales des lois de 1905, 1907 et 1908. La circulaire rappelait notamment l'immobilisation dans les églises du mobilier qui les garnit, la commune ne pouvant, d'une part, distraire aucun des objets laissés à la disposition des fidèles et devant veiller, d'autre part, à ce que rien ne disparaisse par le fait du clergé occupant.

Mais si la loi assurait de la sorte un *statu quo* de conservation pour le mobilier des édifices religieux indistinctement, elle ne rendait pas inutile, tant s'en faut, le classement fait dans l'intérêt de l'art ou de l'histoire. L'échéance brutale de décembre 1908 frappait particulièrement la Commission de Seine-et-Oise en pleine activité. Déjà rassurée par des encouragements venus de personnes autorisées, elle accueillit avec satisfaction la prorogation de trois années de ses modestes pouvoirs, décidée par les Chambres sur le rapport de M. Bienvenu-Martin au Sénat. M. Bienvenu-Martin avait fait valoir le fait éloquent d'un classement de 7 à 8.000 objets depuis 1905.

Il est bon d'insister sur l'immensité et les difficultés de la tâche entreprise par les savants dévoués et désintéressés qui l'ont assumée bénévolement. Prenons l'exemple du département de Seine-et-Oise.

D'après un relevé sommaire et certainement incomplet, on n'y trouve pas moins de 689 paroisses, ou établissements assimilés, comptant par conséquent 689 églises. Laissons de côté les chapelles, séminaires, édifices affectés au culte ou à ses ministres. La diversité d'origine des églises fait pressentir l'importance et la diversité des monuments artistiques qu'elles renferment et leur intérêt pour l'étude de l'histoire de l'art. Pour les rechercher, les décrire sommairement, les dessiner ou les photographier, des savants, des érudits, en petit nombre, ne disposant pas tous de leur temps, ne pouvaient compter que sur leur porte-monnaie pour leurs déplacements et sur leur amabilité personnelle pour se faire ouvrir les portes. Le récit de certaines aventures prouverait même qu'à l'occasion, le trépied du photographe aurait pu servir d'arme défensive. Avec ces faibles moyens, les Auscher, les Coquelle, les Grave, les Beaufils, les Allorge, les Martin-Sabon, les Dufour et d'autres volontaires de l'art ou de l'archéologie n'ont cessé d'alimenter nos feuilletons de fiches. C'est ainsi que dans la seule séance de juillet 1908, 80 documents et plus furent transmis par mes soins à la Préfecture.

Dès le premier trimestre de cette même année, la Commission de sauvegarde, sur la proposition de son vice-président, décida de faire reproduire par la photographie les principaux des objets classés, et d'en dresser un Album. Cette reproduction offrait un double avantage : 1° faciliter l'étude par les archéologues ou les artistes d'œuvres qui, réunies par catégories, permettent un examen comparatif; 2° assurer l'identification de ces œuvres et rendre ainsi à peu près impossible leur détournement. Nous en espérons une autre utilité, celle de faire connaître au public et même aux habitants des communes qui ignorent les richesses de leurs propres églises, les trésors artistiques qu'elles renferment.

A cet effet, un mémoire fut adressé par mes soins au Conseil général de Seine-et-Oise par l'intermédiaire de M. Autrand, Préfet du département, à qui, dans un rapport spécial, je fis connaître le projet de la Commission. Nous demandions une subvention de 2000 francs à l'assemblée départementale. La Section des Beaux-Arts et Monuments historiques du Conseil général, au rapport de M. Galli, émit un avis favorable. Sur notre demande de 2000 francs de subvention pour une publication dont la dépense était évaluée à 5000 francs, le Conseil général, le 30 septembre 1908, mit à notre disposition une somme de 1000 fr. et prit acte de ce que nous promettions de remettre 200 exemplaires pour être répartis dans les bibliothèques du département. Le Conseil général prit en considération une publication qui représenterait l'image d'une quantité d'œuvres qui forment le patrimoine artistique du département.

Une délégation spéciale fut alors désignée et prit le nom de Commission de l'Album. Présidée par M. le Président Paisant, elle chargea MM. Depoin, secrétaire général de la Société historique du Vexin, Coquelle et Martin-Sabon, de désigner les œuvres qui seraient d'abord reproduites dans le premier volume de l'ouvrage.

Des souscriptions des Sociétés Savantes de Seine-et-Oise et de quelques personnes, jointes aux mille francs du Conseil Général, permirent de traiter avec un éditeur pour la publication de 1800 exemplaires.

M. Coquelle assuma la charge de faire au Ministère des Beaux-Arts le relevé complet de tous les objets mobiliers classés par arrêtés ministériels. Il en dressa copie et prit la peine, à la demande de la délégation, de faire imprimer la liste par ordre alphabétique des communes auxquelles ils appartenaient, à la date du 30 juin 1909. Ce relevé rapproché de la liste des villes et communes du département établit que 219 seulement ont fourni jusqu'à présent la matière des arrêtés. Je me propose de faire noter d'un trait sur une carte départementale les localités dont il s'agit. Que de lacunes à combler et que d'édifices à visiter et à revoir ! M. Franz Marcou a exprimé sa surprise de la différence du nombre des œuvres relevées entre les arrondissements. Il est cependant à croire que nous tenons les plus remarquables ou au moins les plus célèbres. L'inventaire imprimé a dû être envoyé à chacune des communes intéressées. On ne m'a signalé aucune remarque occasionnée par cette communication.

L'Album contient 190 objets répartis par ordre chronologique, reproduits sur 96 planches, d'après les clichés de M. Martin-Sabon et autres, par la maison Bourdier, de Versailles, et le texte a été imprimé par la maison Bellin, de Montdidier. La Commission estime qu'il devra être suivi d'un second volume dont elle poursuivra la préparation.

Versailles, le 3 février 1910.

Pour la Commission de l'Album,

Alfred PAISANT,
Président.

TEXTE EXPLICATIF

Dans ce premier « Album des objets mobiliers classés du département de Seine-et-Oise » est contenue la reproduction de 190 objets. Les manifestations de l'art scuptural, sous ses diverses formes, sout de beaucoup les plus nombreuses. Les statues, bas-reliefs, monuments funéraires, retables et sculptures sur bois méritent particulièrement d'être étudiés ; on y rencontre des œuvres importantes, d'autres plus faibles, mais toutes sont intéressantes.

Nous avons adopté l'ordre chronologique par siècle, parce qu'il offre une suite de groupements composés d'objets variés, pas trop nombreux pour chaque époque. Il a aussi l'avantage d'être instructif, car il permet d'embrasser d'un seul coup d'œil les modifications successives de l'art sculptural dans notre département depuis le XIIᵉ siècle jusqu'à nos jours.

I. — ÉPOQUE GALLO-ROMAINE (?).

L'objet classé le plus ancien, probablement unique dans son genre, est conservé dans l'Hôtel de Ville de Maule ; c'est une pierre rectangulaire de 90 centimètres sur 0ᵐ65, divisée en vingt-quatre compartiments communiquant entre eux et ayant aux deux extrémités des orifices d'écoulement ornés de tête d'animaux. Est-elle gallo-romaine ou du moyen-âge ? Le comte de Dion a émis l'opinion que c'était un autel criobolique, c'est-à-dire destiné à faire le sacrifice d'un bouc. Selon d'autres archéologues, ce serait un appareil à doser et à décanter des liquides, ou une vasque de fontaine (*planche 1*).

1

II. — XIIe SIÈCLE.

Cette époque n'a laissé que quelques rares témoins, mais ils sont fort curieux.

D'abord, un magnifique bas-relief en pierre dorée et polychromée, ayant servi autrefois de retable, qui se trouve dans l'église de Carrières-St-Denis. Il représente : à gauche l'Annonciation, à droite le baptême du Christ, au milieu la Vierge assise ; des rinceaux, deux colonnettes, des édicules formant dais, entourent ces trois scènes. La Vierge porte l'Enfant de la façon généralement adoptée aux XIe et XIIe siècles, c'est-à-dire droit devant elle, le tenant à deux mains ; Jésus bénit de la dextre, et tient l'évangile de l'autre main (*planche 1*).

Le crucifix d'argent de Guiry, autrefois fixé à une croix processionnelle, auquel nous avons consacré une étude spéciale, par la grosseur anormale de son abdomen n'a que deux semblables, l'un au Musée de Munich, l'autre dans le trésor du Dôme à Hildesheim ; c'est dire la grande valeur de cette pièce d'origine germanique, malgré ses dimensions exiguës de 18 centimètres sur 20. Malheureusement, les bras ont été relevés, par une flexion de l'humerus ; cette modification, dont il est impossible de fixer l'époque, est regrettable, et nuit à l'aspect du crucifix (*planche 2*).

Les fonts baptismaux de Gaillon près Meulan, datent de l'époque où il fut prescrit de baptiser les enfants dans toutes les églises indistinctement. Leur forme très commune est celle d'une navette, rappelant le vase à encens. On remarquera l'écusson fleurdelisé avec un entourage d'étoiles ornant les flancs de cette cuve baptismale. Ces étoiles sont bien caractéristiques du XIIe siècle (*planche 2*).

En 1099, mourut saint Gautier, abbé de Saint-Martin de Pontoise. Son corps fut solennellement élevé le 4 mai 1153. Après la démolition du monastère, au cours du XIXe siècle, son tombeau fut transporté dans l'église de Notre-Dame de Pontoise. Il date de la seconde moitié du XIIe siècle. La figure est d'une bonne exécution ; aux pieds du gisant, deux anges s'agenouillent, deux thuriféraires à la tête ; deux rois, trois évêques, un abbé et deux autres personnages debout entourent le soubassement, dont la frise de feuillage est déjà gothique (*planche 3*).

L'église de Jouy-en-Josas s'enorgueillit d'une statue de bois, de la Vierge, dite la Diège, terme provenant probablement d'une altération des mots : *Dei genitrix*. Jusqu'au XVIIIe siècle, elle ornait la chapelle de Villetain, puis elle passa à Jouy-en-Josas, et après la Révolution, resta pendant un demi-siècle cachée dans l'embrasure d'une fenêtre de ferme; on la restaura en 1863. Cette statue, remarquable par ses dimensions, 1^m40 de hauteur, s'éloigne quelque peu du type primitif du XIIe siècle, par la manière de tenir l'Enfant avec une seule main; l'autre main de la Vierge supportant la rose héraldique, signe de la Maternité. Mais l'attitude des personnages et la forme stylisée des vêtements, ne permettent point d'attribuer la statue de Jouy-en-Josas à une époque plus récente que le XIIe siècle. Deux angelets soutenant les pieds de Jésus ajoutent beaucoup au charme de cette icone (*planche 3*). Le siège est moderne.

III. — *XIIIe SIÈCLE.*

Les fonts baptismaux de Gassicourt, Vétheuil et Limay, églises très rapprochées les unes des autres, appartiennent à une variété généralement peu répandue, mais cependant employée dans les environs de Paris, au début du XIIIe siècle. Leur cuve est polygonale oblongue; celle de Gassicourt, assez fruste, a pour tout ornement une frise de larges feuilles de vigne; celles de Vétheuil et de Limay qui sont identiques, ont même frise de feuillage, mêmes quatre feuilles sur les flancs, même pied très court, orné d'arcatures en forme de trilobes (*planche 8*).

A la même époque (commencement du treizième siècle) appartiennent les statues de bois de la Vierge assise de Gassicourt et de l'ermitage de St-Sauveur près Limay (*planche 4*). Ces images se distinguent de celles du siècle précédent, par la pose de l'Enfant assis ou appuyé sur le genou gauche de la Vierge. La figure de celle de Gassicourt se rapproche d'ailleurs du type idéaliste ; malheureusement il y a des mutilations regrettables. La Vierge de Saint-Sauveur est l'œuvre naïve d'un sculpteur malhabile ; pourtant le voile tendu sous les pieds de Jésus par deux angelets lui donne un certain intérêt.

Vers le milieu du treizième siècle, la conception iconographique de la Mère de Dieu change totalement ; on commence à la représenter debout : le trumeau de l'église de Longpont en supporte un spécimen, qui rappelle la Vierge du portail occidental de la cathédrale d'Amiens ; mais la figure est trop sévère, dure même (*planche 6*). Cette statue a été restaurée en 1858.

La fin du XIII⁰ siècle a laissé en Seine-et-Oise trois icones de la Vierge assise remarquables à des titres différents. La première, à Taverny (pierre), est un des plus jolis témoins de l'époque où la statuaire est encore purement idéaliste ; l'Enfant bénissant tient l'Evangile et, les jambes croisées, est assis sur le genou gauche de sa mère ; la Vierge porte le petit voile coupé sur les oreilles, forme typique que nous retrouverons fréquemment pendant tout le cours du XIV⁰ siècle. La seconde statue est à Maffliers (bois) et semble une pâle imitation de celle de Taverny ; la tête et les mains de Jésus ont été remplacées assez maladroitement (*planche 5*). La Vierge ouvrante de Saint-Ouen l'Aumône, provenant de l'abbaye de Maubuisson, par sa pose, par l'expression de sa figure, et par le geste de Jésus bénissant, est nettement du XIII⁰ siècle. L'intérieur de la statue, refait il y a soixante-dix ans, ne présente aucune valeur artistique (*planche 7*).

L'église de Limay conserve, entre autres objets curieux, une pierre tumulaire portant en caractères hébraïques l'inscription suivante : « C'est la stèle de R (Rabbin) Meir, fils de R (Rabbin) Eliah, « qui partit le III⁰ jour de la parascha Tazrier, l'an 5003 du comput : « que sa mémoire soit bénie ». Cette date correspond au 17 mars 1243 (*planche 6*).

IV. — XIV⁰ SIÈCLE.

Cette période est la plus largement représentée dans l'Album. Cela tient aux nombreuses statues de la Vierge qu'elle a laissées en Seine-et-Oise comme partout ailleurs, le culte de Marie ayant pris une grande extension pendant le XIV⁰ siècle. Mais ici Jésus n'est plus un monarque bénissant ; c'est un enfant qui joue tantôt avec une colombe, tantôt avec une pomme, tantôt avec le voile de la Vierge ; celle-ci n'est plus la reine du ciel, mais une mère. Cette nouvelle formule sculpturale qui, inventée en France, se répandit dans tous les pays de la chrétienté, le maniérisme qui la caractérise, par opposition à l'idéalisme du XIII⁰ siècle, sont rappelés ici par vingt-sept statues, très inégales, il est vrai, sous le rapport de l'exécution. Avant de les examiner, nous devons mentionner tout spécialement la statue de la Vierge de l'église Notre-Dame de Pontoise (*planche 9*). Considérons cette figure si belle et si tendre de la Vierge souriant à son fils, dont elle tient la main dans la sienne. Cette conception iconographique est bien celle de la Vierge mère, particulière au XIV⁰ siècle. Pourtant, le drapement fort peu ample d'un manteau, les plis très régulièrement verticaux de la robe, la sécheresse du bras droit, par leur archaïsme, s'éloignent sensiblement du XIV⁰ siècle. Un coup d'œil sur les planches suivantes permet de s'en assurer. Les détails du vêtement et la pose du corps de la Vierge de Pontoise, en parfait équilibre sur les deux jambes, sont également propres au XIII⁰ siècle. Comment expliquer cette contradiction ? Une pièce originale du fonds de Saint-Martin de Pontoise (carton 9, archives de Seine-et-Oise) et datée de novembre 1231, règle les partages d'offrandes entre les moines de Saint-Martin et le curé de la nouvelle paroisse de Notre-Dame, érigée en 1226. On y lit : *De candelis autem et cera que offerentur ad ymaginem trunci Beate Marie, terciam partem habebit...* etc. Il faut conclure de cette pièce qu'une statue de la Vierge (*Imago trunci Beate Marie*) existait déjà en 1231, dans l'église Notre-Dame, et il y a toute apparence, étant donné la richesse des moines de Saint-Martin, que c'était l'œuvre remarquable qui y est encore en ce moment. Elle serait alors un premier essai incomplet, il est vrai, de la formule du XIV⁰ siècle, exécuté un demi-siècle au moins avant l'adoption générale de cette formule et une sorte de transition entre les différentes manières de représenter la Vierge aux XIII⁰ et XIV⁰ siècles. L'artiste aurait été un précurseur.

Le visage rond et plein de Marie, le menton à fossette, les yeux fendus en amande, le déhanchement plus ou moins accentué, la coiffure en bandeaux massés sur les tempes, les souliers pointus, le manteau drapé en travers du corps, étroit par le bas et amoncelé en plis s'étageant sur la hanche gauche, le geste de l'Enfant jouant, son costume fréquemment très sommaire, tous ces caractères que nous allons constater dans les planches 10 à 19 de l'album, sont ceux de l'Ecole sculpturale, dite de l'Ile de France, avec même parfois une légère exagération dans l'épaisseur de la figure de la Vierge, privée d'ailleurs de toute individualité.

Les deux plus jolis spécimens sont, à Magny-en-Vexin, la Vierge d'albâtre, matière rare pour de tels travaux dans nos régions, ce qui rehausse le prix de cette statue, et celle, en pierre, de Saint-Maclou de Pontoise (*planche 10*). Elles se ressemblent beaucoup ; les figures sont particulièrement soignées ; on peut, croyons-nous, les estimer autant que les œuvres bien connues de Notre-Dame de Paris et de Saint-Germain des Prés.

Les Vierges de Lévy-Saint-Nom (en marbre) et de Prunay-sur-Essonne (pierre), sous le rapport de l'exécution et de la délicatesse du ciseau méritent une mention toute particulière. Le geste de la vierge de Prunay-sur-Essonne, présentant une fleur à son fils, est infiniment plus gracieux que la main allongée pour tenir un sceptre ou une fleur de lys des autres statues (*planche 11*).

Les Vierges de Cléry-en-Vexin et de Jambville sont d'une facture imparfaite et des plus rustiques. La partie inférieure de celle de Bréançon a été enlevée et un ouvrier malhabile a ajouté des pieds nus à cette statue raccourcie (*planche 12*). Les statues de Gouzangrez, Théméricourt et Montgeroult ont des proportions assez lourdes (*planche 13*), beaucoup moins élégantes qu'à Saint-Gervais, Villeneuve-en-Chevrie et Palaiseau (*planche 14*). Ableiges, malgré ses petites dimensions, offre un joli spécimen ainsi que Jouy-le-Moutier, dont malheureusement le Jésus est mutilé. A Verneuil-sur-Seine des verroteries parsèment la robe et le manteau (*planche 15*).

Le geste de l'Enfant de Montigny-lès-Cormeilles est à retenir : il enfonce l'index dans le bec de la colombe. Le déhanchement excessif de la Vierge de Longuesse rappelle celui des statues d'Allemagne et des Pays-Bas. La statue de Santeny a subi des vicissitudes ; enfouie à la Révolution, elle fut découverte en 1880 et les têtes refaites par un prix-de-Rome ; il est facile de constater que celle de la Vierge s'éloigne beaucoup des figures sculptées au XIVe siècle (*planche 16*).

Au-dessus de la porte de la sacristie de Saint-Maclou de Pontoise, il y a une statuette de la Vierge, dont les proportions sont avantageuses, mais dont le visage est défiguré (*planche 11*)

Les Vierges de Fosses, de Champagne et de Limay se distinguent des précédentes par une particularité du vêtement. Le manteau, au lieu d'être, telle une sorte d'écharpe, drapé en travers du corps et de s'amonceler en plis étagés sur la hanche gauche, tombe droit dans le dos et découvre complètement la robe aux longs plis verticaux. Cette modification du costume dénote les dernières années du XIVᵉ siècle, mais les figures de ces trois statues sont encore larges et pleines (*planche 19*).

Comme Vierges assises, nous donnons Vétheuil (pierre) couverte de verroteries, à la tête un peu trop forte, à la pose d'un maniérisme outré ; Montainville, en bois doré ; Eragny et Forges-les-Bains (pierre), conformes à la formule traditionnelle (*planches 17-18*).

La Vierge de l'Annonciation de Grisy-les-Plâtres est une œuvre très soignée qui fait penser à son prototype, de la collection Doisteau au Musée du Louvre (*planche 17*).

La sainte Catherine de Saint-Gervais, gracieuse et élégante, est dans le style général des Vierges que nous venons de mentionner. Par suite d'une erreur regrettable du phototypiste, elle a été reproduite en petit au milieu du tympan de l'église (*planche 18*).

Le tref de l'ancienne église de Gargenville portait un calvaire : christ en croix accompagné de Marie et de saint Jean aux figures naïves (*planche 21*).

L'église de Guiry possède deux saint Jean-Baptiste, l'un de grandes dimensions est plutôt une ébauche, l'autre est mieux exécuté, mais les jambes ont été refaites en bois ; on y voit aussi un saint Nicolas revêtu de la chasuble très ample et de l'amict large, qui ressemble au saint Leu de Saint-Leu-d'Esserent (*planche 20*). Un petit saint Sulpice bois de Seraincourt est conçu dans les mêmes données iconographiques (*planche 21*). La forme des mitres aux parties latérales obliques est celle du XIVᵉ siècle.

L'architecte Durand a légué à la Collégiale de Mantes quatre statues de pierre de 0ᵐ 90 de hauteur qui étaient autrefois placées sur la balustrade de la chapelle dite de Navarre de cette collégiale ; ce sont :

Jeanne de France † 1349, femme de Philippe III, roi de Navarre, comte d'Evreux.

Jeanne d'Evreux, † 1370, troisième femme de Charles IV le Bel.

Blanche de Navarre, † 1398, deuxième femme de Philippe VI.

Jeanne de France, † 1373, femme de Charles II, dit le Mauvais, roi de Navarre.

Deux de ces princesses tiennent un reliquaire, toutes quatre portent le petit voile coupé à hauteur des oreilles (*planches 22 et 23*). Ce ne sont pas des portraits, loin de là, et la formule sculpturale y règne encore en maîtresse.

Passons à d'autres manifestations de l'art statuaire : d'abord, trois images funéraires. A Saint-Spire de Corbeil, une statue gisante dont la tête et les mains sont en marbre blanc, ces dernières remarquables par les veines et les plis des doigts. Le corps, en pierre très dure, est couvert d'une tunique et d'une cotte de mailles ; le baudrier porte des têtes d'enfant et des griffons. Cette statue date de la fin du XIII siècle, ou des premières années du siècle suivant. Selon certains auteurs, elle aurait fait partie du tombeau d'Aimon, comte de Corbeil, fondateur de l'Église Saint-Spire et mort au X siècle. D'après une opinion admise par Gaignières, ce serait Simon de Corbeil, cité de 1209 à 1212, et qui effectivement portait un griffon pour armoiries. Dans le premier cas, l'écu armorié qui recouvre le gisant constituerait un anachronisme, car on sait que l'usage des armoiries n'est pas antérieur à la fin du XII siècle (*planche 24*).

Mathieu IV de Montmorency, surnommé le Grand, amiral et grand chambellan de France, mort en 1304 ou 1305, a son cénotaphe dans l'église de Conflans-Ste-Honorine. Ce seigneur joua un rôle considérable dans les guerres de Naples à la fin du XIII siècle, il accompagna Philippe le Hardi en Aragon et Philippe le Bel en Flandre. La statue de Mathieu IV, dont le socle est moderne, ressemble étonnamment à celle d'Aimon, mais elle n'a point de marbre (*planche 24*). Ces deux statues, dont les figures sont d'ailleurs traitées d'après une formule fixe, sont de beaucoup surpassées comme exécution par celle de Thomas Letourneur, secrétaire de Charles V, mort en 1384, qui provient du couvent des Célestins de la Trinité-lès-Mantes et se trouve actuellement dans l'ermitage de St-Sauveur près Limay. Le corps est en marbre noir ; le masque en marbre blanc est un véritable portrait : les traits amaigris, la bouche fine, le nez droit, le menton proéminent à profonde fossette sont pleins d'expression. Cette sculpture peut soutenir avantageusement la comparaison avec les meilleures statues funéraires de la basilique de Saint-Denis (*planche 25*).

A Saint-Sulpice de Favières, on conserve un curieux bas-relief de pierre, inscrit dans un quadrilobe : saint Sulpice guérissant des estropiés, scène fort naïve, mais intéressante et qui mérite quelque attention (*planche 25*).

Deux petits objets de cuivre terminent la série du XIVᵉ siècle :
la statuette assise de saint Vivien de Bruyères (hauteur 32 centimètres) qui tient sur ses genoux un reliquaire en forme de bassin,
orné de godrons sur les bords, et la boîte à quêter ou tronc portatif de Saint-Spire de Corbeil, objet très rare (*planche 26*), portant
tout autour l'inscription suivante : « Nicollas Caron, marchand
« bourgeois de Paris, confrère de la confrérie de Saint-Spire et l'un
« des porteurs de sa châsse, a donné cette boëte à icelle confrérie
1388 ». Cette inscription est certainement postérieure au XIVᵉ
siècle.

🐦

V. — *XVᵉ SIÈCLE.*

Le réalisme qui commence à se manifester dans les productions
sculpturales dès les premières années du XVᵉ siècle, a laissé dans
notre département des témoins du plus haut intérêt. La Vierge de
Marcoussis, marbre attribué à Jean de Cambrai, mort en 1438,
semble bien digne du ciseau de ce maître. Par l'expression de la
figure souriante avec un menton à fossette et les joues pleines, par
sa pose naturelle, son abandon, la manière dont elle tient l'Enfant
demi-nu renversé dans ses bras, cette image représente plutôt une
bonne bourgeoise que la Reine du Ciel (*planche 27*). Elle n'est pas
couronnée, un simple voile couvre la tête : la couronne que l'on
voit sur la photographie a été ajoutée et la dépare.

La Vierge-mère de Courcelles-sur-Viosne a les traits empreints
d'une indicible tristesse en regardant son fils ; c'est une autre forme
du réalisme, totalement différente de celui de Marcoussis (*planche 27*).

La petite statue de la Vierge, en marbre, de Taverny, a encore le
costume du XIVᵉ, mais la figure est propre au quinzième (*planche 29*).

A Lévy-St-Nom, le visage de Jésus n'est pas bien sculpté, mais,
en revanche, quelle expression dans les traits de la Vierge, que de
douceur, que de résignation, et quel joli agencement des plis du
manteau (*planche 28*) !

Arrêtons-nous devant le marbre d'Antoine de Poysieu, arche-
vêque de Vienne, mort en 1474, de l'église de Saint-Mesme ; on l'attribue à juste titre à Martin Claustre, dans les dernières années du
quinzième siècle. Sa tête, hélas ! séparée du tronc, et fendue en

deux, est de toute beauté ; l'exécution est parfaite; de lourds orfrois chargent le devant de la chasuble : ils représentent saint Antoine , saint Louis, une sainte, deux médaillons à tête ; au bas de la soutane se détachent les armes de Poysieu (*planche 28*).

Vétheuil, si riche en statues, possède un superbe saint Jacques Mineur, en pierre, le seul représentant de l'Ecole de Dijon dans la région ; par la vigueur de la figure maigre et l'ampleur des plis du manteau, il semble sorti des mains d'un Claus Sluter (*planche 29*). L'accumulation des plis sur les pieds et le drapement très large du manteau dont la forme diffère de celui du XIVᵉ siècle, se retrouvent dans la Vierge de Mézières-sur-Seine, et dans celle des Alluets-le-Roi : la première a une figure austère, et des inscriptions tirées de l'Evangile ornent les bords de ses vêtements ; la seconde a un visage empreint d'une douceur angélique, malheureusement sa situation dans l'ombre ne permet point d'en obtenir une épreuve qui en conserve les traits (*planche 30*).

Le buste du Christ (bois) de Saint-Maclou de Pontoise donne l'illusion d'une douleur infinie ; il a pour pendant le crucifix de bois de Taverny, image du Christ torturé, rappelant le Christ en bois bien connu de Perpignan, autre conception réaliste de cette époque (*planche 31*).

L'église de Poissy conserve un saint Jean-Baptiste, une Education de la Vierge et une sainte Barbe ; celle de Guiry un petit saint Jean-Baptiste, dont la figure rappelle celle du Christ ; statues correctes d'exécution mais un peu froides (*planches 32 et 30*).

L'orfèvrerie du XVᵉ siècle est représentée par une croix processionnelle d'argent de Saint-Sulpice de Favières (*planche 33*).

Le Martyre de saint Thomas, marbre de l'église de Boissy-sous-St-Yon, est surtout intéressant par les costumes et les armures des exécuteurs ; la forme de la moulure qui surmonte ce bas-relief dénote une origine anglaise (*planche 33*).

💮

VI. — *COMMENCEMENT DU XVIᵉ SIÈCLE.*

Entre la statuaire purement gothique et celle qui résulta des enseignements de l'Italie et des maîtres de l'Ecole de Fontainebleau, il y eut un art de transition qui remplit les dernières années du

XVe siècle et la première moitié du siècle suivant. Les productions de cette période sont nombreuses en Seine-et-Oise ; elles sont caractérisées, comme partout ailleurs du reste, par un réalisme accentué, et habillées à la mode du jour.

Ainsi, la jolie Madeleine de l'église de Vétheuil, pierre polychromée et dorée, a revêtu l'élégant costume et porte la coiffure dite à la Ferronnière. des dames de la cour de François Ier. Telle aussi la ravissante sainte Barbe (bois) de Saint-Sulpice de Favières, une des plus remarquables statues qu'ait laissées cette époque si féconde (*planche 34*).

La Vierge d'Herbeville, au surcot ajusté, drapée dans un ample manteau, les cheveux épars, et dont la figure est celle d'une enfant. et une autre vierge à Vétheuil, d'un costume plus modeste, sont conçues dans les mêmes idées sculpturales (*planche 35*).

La Vierge du croisillon Nord de Guiry et celle de Wy-Joli-village, la première debout, la seconde assise, se ressemblent comme deux sœurs, le même artiste les sculpta indubitablement, d'autant plus que ces deux localités sont voisines ; les détails de leur costume permettent de les dater des environs de l'an 1500 (*planche 36*). De même les deux saints Christophe de Guiry (pierre) et de Cergy (bois) (*planche 37*).

Une statue debout, tenant l'Enfant devant elle à deux mains. sous les aisselles, au croisillon sud de Guiry. constitue un archaïsme qui s'est fréquemment reproduit au XVIe siècle ; nous en retrouverons plus loin un exemple à Saint-Gervais (*planche 35*).

Le saint Martin de Courdimanche est un portrait de Louis XII admirablement réussi (*planche 36*).

Deux statuettes (bois) de l'entourage des fonts baptismaux de Guiry, représentent l'Annonciation ; l'exiguité de leur taille (0^m30) est compensée par l'intérêt de la pose. du geste et l'expression des physionomies. Les personnages semblent remplis d'un contentement indicible. Le travail est assez rude. les détails peu fouillés, mais quelle scène vivante, pour ne pas dire naturaliste (*planche 38*) ! Cette Annonciation, qui date du début du XVIe siècle, peut être comparée avec une autre en pierre polychromée, d'un quart de siècle environ moins ancienne, qui semble l'entrevue d'une dame de haute naissance et d'un seigneur aux manières compassées (*planche 39*).

L'église de Trappes a une Mise au tombeau d'un fort bon style ; on remarquera le geste de Marie saisissant le buste du Christ dans ses bras et embrassant son visage ; il est difficile de rendre la douleur d'une mère d'une façon plus poignante (*planche 40*).

Deux monuments funéraires d'un genre différent complètent la série sculpturale du début du XVIᵉ siècle. Le tombeau de Jehan Le Chenu, grand écuyer de Charles VIII, mort en 1510, et de sa femme, qui se trouve à Limay, est adossé à un retable représentant Notre Dame de Pitié, flanquée de sainte Catherine d'Alexandrie, de saint Antoine figurant les gisants. Cette œuvre intéressante au point de vue historique est assez faible sous le rapport artistique (*planche 40*). La statue funéraire de Marie de Trie-Pillavoine, dame d'Omerville, décédée le 25 août 1525, qui se trouve dans l'église de cette commune, est une bonne sculpture. La gisante, par suite d'une fantaisie pieuse assez fréquente à cette époque, est revêtue du costume monastique. Deux anges et une levrette l'accompagnent. L'inscription a disparu en 1793 (*planche 37*).

Les retables pleins de personnages si vivants et si animés que les Flamands sculptaient au début du XVIᵉ siècle, sont au nombre de trois dans l'Album. Celui de Nucourt en pierre calcaire tendre, chose excessivement rare, est tout doré, et renferme, comme de coutume, les scènes de la Passion, mais avec une vérité et une richesse inouïes (*planche 41*). Il mesure 2ᵐ20 de hauteur sur 5ᵐ90 de longueur, y compris les deux portes qui le flanquent.

Celui de Guernes, de bois doré, en excellent état de conservation, a 83 personnages ; il est large de trois mètres et haut de deux ; la trahison de Judas, le Jugement de Pilate, le portement de la croix, le Calvaire, la descente de la croix, la mise au tombeau et la Résurrection, tels sont les groupes qui le composent.

Le retable de Véthe'uil a beaucoup d'analogie avec celui de Guernes, comme composition et personnages, mais ces deux pièces bien que fort intéressantes, ne peuvent pas supporter la comparaison avec l'œuvre de Nucourt (*planches 42 et 43*). Deux groupes (bois) à Gassicourt figurent la descente de croix et Jésus soutenu par Joseph d'Arimathie ; ils proviennent d'un ancien retable (*planche 46*).

Les fonts baptismaux de Bréançon et de Champagne ont les flancs garnis d'écailles, mais leur forme diffère : lès premiers sont octogonaux et ont des arcatures de l'époque flamboyante ; les seconds, avec leur ceinture de grandes fleurs de lys, sont également encore gothiques, bien que taillés sous le règne de Louis XII (*planche 44*).

Passons à des objets d'un genre tout particulier. D'abord, la tribune des orgues de Gonesse, une des curiosités du département. Cet orgue fut donné, selon la tradition, par la reine Blanche, mais on le refit complètement en 1508. De cette époque date la jolie peinture qui décore la tribune (*planche 45*). Les douze anges musiciens forment un très intéressant concert. Le peintre les a revêtus du costume du début du XVIᵉ siècle ; ce qui, nous l'avons déjà dit, est conforme aux usages artistiques du temps.

Le baiser de paix d'argent, de Champagne, que nous reproduisons en grandeur naturelle, est un objet d'orfèvrerie très rare : il a été découvert dans les combles de l'église. Au milieu, saint Jean-Baptiste prêche devant un groupe de onze personnages, costumés à la mode de Louis XII. Saint Christophe et saint Jacques le majeur se dressent des deux côtés du gable à feuillage frisé. La poignée a la forme d'un serpent, avec un petit chien à l'extrémité (*planche 46*).

VII. — *XVIᵉ SIÈCLE.*

Le retour aux traditions et aux modèles de l'antiquité, qui se manifeste à partir du milieu du XVIᵉ siècle, est indiqué à Vétheuil par sept statues de pierre :

La Vierge du portail méridional,

La Charité, au portail occidental,

L'Astronomie, saint Paul, saint Pierre, saint Clément, saint Jean (*planches 49, 50 et 51*).

Les meilleures sont la Charité, malheureusement en assez mauvais état, l'Astronomie et surtout saint Paul à la tête énergique ; les quatre autres statues ne leur sont point comparables.

Il y a encore à Vétheuil un Christ au tombeau, en argile, qui témoigne d'un sentiment artistique très élevé (*planche 51*).

Le trumeau du portail de saint Gervais est orné d'une Vierge mutilée, dont le dais donne la date de 1560 ; elle tient Jésus comme on le tenait au XIIᵉ siècle, à part que la statue est debout au lieu d'être assise ; nous avons en déjà vu un autre exemple à Guiry. Saint Georges est agenouillé sur le socle (*planche 51*).

La comparaison entre les Sépulcres de Saint-Maclou de Pontoise et de la Collégiale de Poissy est tout à l'avantage du premier. Cette œuvre est trop connue pour que nous en fassions ressortir ici les beautés (*planches 52 et 53*).

Une des productions les plus remarquables du règne de Henri II est le retable de Taverny (marbre et pierre), attribué à Jean Goujon et don du connétable de Montmorency. L'autel est recouvert d'une broderie de perles en haut relief, beaucoup postérieure, car elle a été exécutée sous Louis XIII (*planche 54*). L'Hôtel-Dieu de Pontoise conserve aussi un ouvrage de broderie, un antependium rehaussé d'or, d'argent et de soies polychromes, de 3 mètres de long sur 0^m88 de hauteur. Au milieu est saint Paul, renversé sur le chemin de Damas ; à droite, sainte Marthe et la Tarasque ; à gauche, sainte Madeleine dans la grotte de la Sainte-Baume (*planche 63*).

Sur le buffet des orgues de Taverny sont fixés deux vastes panneaux de bois sculpté exposant la vie et le martyre de saint Barthélemy dans les Indes (*planche 55*).

Le baptistère monumental en pierre, de 1534, de Magny-en-Vexin, avec ses vingt-quatre statuettes, attribué sans preuves à Jean Goujon (*planche 57*), est un des plus beaux témoins de l'art de la Renaissance dans le Vexin ; mais en 1858, par suite de réparations, certaines scènes ont été reconstituées d'une façon plutôt singulière.

Comme monument funéraire, cette époque ne présente que celui de l'église de Champmotteux : le fameux chancelier Michel de l'Hôpital, mort en 1573, belle statue couchée sur une dalle que supportent quatre cariatides (pierre) (*planche 58*).

Le retable de Goussainville est décoré de quatre magnifiques bas-reliefs de marbre figurant : le Portement de la Croix, la Flagellation, la Résurrection et la Descente aux Limbes (*planche 56*).

Les fonts baptismaux de Belloy et d'Ecouen ont une grande ressemblance, mais les premiers sont beaucoup mieux ornés et plus intéressants (*planche 59*).

Les amateurs de sculpture sur bois trouveront dans l'Album de quoi satisfaire leur curiosité ; d'abord cinq séries de stalles de chœur : les plus anciennes sont celles de Gassicourt, de la fin du XVe siècle. L'artiste a naïvement représenté, entre autres sujets, sur les miséricordes : le jeu de colin-maillard, un tonnelier, un faucheur et un sujet symbolique : le monde rongé par les rats (*planche 40*).

Parmi les quinze miséricordes des stalles de Fontenay-lès-Louvres, nous donnons : le prophète Elie et l'ange dans le désert, Œdipe et le Sphinx, Job sur son fumier, et une scène mutilée représentant un trône, la porte d'une ville avec quelques personnages difficiles à identifier (*planche 60*).

Les dix stalles de l'Isle-Adam proviennent de Saint-Seurin de Bordeaux ; elles ont été achetées en 1868. Fort bien exécutées, elles possèdent des miséricordes extrêmement curieuses ; il faudrait pouvoir les reproduire toutes ; nous sommes forcés de nous limiter à quatre : Samson combattant le lion ; une femme traînant un diable la corde au cou ; le fabliau d'Aristote ; mais ce sage est ici sous la forme d'un moine à quatre pattes portant une religieuse sur son dos, tandis qu'un clerc éclate de rire ; un homme luttant contre un lion, un taureau à côté (*planche 61*).

A Presles, il y a le menuisier et une scène du fabliau du XIIIe siècle de sire Hains, connu sous le nom de « querelle de la culotte » (*planche 63*).

Les stalles de Montmorency, d'un XVIe siècle avancé, n'ont plus ces miséricordes si vivantes et animées ; c'est plus froid et plus classique (*planche 62*).

Les vingt stalles de Saint-Sulpice de Favières ont presque toutes été restaurées aux XVIIe et XVIIIe siècles ; de ce nombre sont les quatre sujets religieux de la planche 85.

A Saint-Gilles d'Etampes, il y a un panneau sculpté représentant saint Jean-Baptiste prêchant, dont les détails méritent un examen attentif (*planche 58*).

Le retable aux panneaux peints de l'Isle Adam, qui provient de Sébécourt (Eure), fut fait en 1558, deux années avant la chaire à prêcher de la même église, réparée de nos jours ; c'est un travail allemand plutôt lourd mais intéressant par ses personnages et ses inscriptions (*planches 64-65*).

Une clôture de colonnettes élégantes et déliées entoure le chœur de Gassicourt, elle date de la fin de l'époque gothique (*planche 47*). Les vantaux de Fontenay-lès-Louvres sont d'un quart de siècle moins anciens (*planche 65*). Ceux de Vétheuil ont en relief l'Annonciation, l'Assomption, quatre scènes de l'Ancien Testament et autant de personnages. Ils sont beaucoup plus riches que ceux de Magny-en-Vexin (*planches 66-68*).

Les portes de Triel et de La Roche-Guyon sont intéressantes par leurs médaillons de têtes, celle de Montmorency toute simple n'a pour ornement que la fière devise de cette maison (*planches 66 et 67*). Le banc d'œuvre de St-Maclou de Pontoise est couvert de panneaux d'un sévère style Renaissance (*planche 69*).

Pour terminer la série des productions du XVIe siècle nous mentionnerons cinq beaux vitraux.

Deux verrières de l'église d'Ecouen sont attribuées à Jean Cousin ; elles comptent parmi les plus remarquables de France. L'une d'elles représente la Vierge adorant Jésus ; l'autre, datée de 1545, a eu l'un de ses panneaux refait en 1587 (*planches 70 et 71*) ; elle représente deux princesses de la maison de Montmorency, avec leurs saintes patronnes.

Sur les verrières de Groslay se voient le martyre de sainte Barbe et un magnifique arbre de Jessé (*planches 72-73*).

Enfin, le vitrail bien connu, dit des Sybilles, de Notre-Dame d'Etampes, montre les douze Sybilles tenant des inscriptions dans des cartouches (*planche 74*).

VIII. — *XVIIe SIÈCLE.*

Le portail de l'Eglise de Magny-en-Vexin est surmonté d'une statue de la Vierge (pierre), du XVIIe siècle, dont les proportions ne sont pas avantageuses. Bien supérieure est la remarquable statue de Marly-le-Roi (pierre), où l'Enfant a les bras ouverts et la Vierge, dont la pose donne l'illusion du mouvement, a la tête renversée en arrière et regarde le ciel avec un beau geste (*planche 75*).

La sainte Barbe de Fontenay-St-Père est gracieuse et élégamment posée, moins encore peut-être que la sainte Luce (bois) de Viry-Châtillon, dont la main s'appuie sur une épée (*planche 76*).

Par contre, Haravilliers et Vétheuil ont une Vierge et un Ecce Homo, dont les figures manquent totalement de distinction (*planches 76 et 77*).

Très beau, bien qu'un peu théâtral, est le saint Sébastien en marbre de Jouy-en-Josas, suspendu par un bras ; on l'attribue à Pierre Pujet, mort en 1694 (*planche 77*).

Le christ en croix de marbre blanc de Notre-Dame de Versailles est l'œuvre de Laurent Magnier dit Manière, mort en 1700. Cet artiste le sculpta pour le prieuré de Saint-Éloi-lez-Longjumeau, en

1690. Ce prieuré ayant été vendu en 1791, le christ fut placé à Notre-Dame de Versailles et y revint en 1800 après avoir passé sept ans dans le Museum national de cette ville. C'est une des plus belles œuvres de l'époque de Louis XIV ; mais pourquoi a-t-on placé de chaque côté du Christ, la Vierge et saint Jean, en terre cuite blanchie à la chaux ? ils n'ont aucun rapport avec lui et nuisent à l'effet. C'est en 1800 que furent ajoutées ces deux statues, parce que, paraît-il, il s'en trouvait de semblables lorsque le crucifix était au prieuré de Longjumeau (*planche 78*).

L'Ecole militaire de Saint-Cyr a un christ en croix d'argile de J. B. Sarrazin († 1660), qu'il est très intéressant de comparer avec celui de Manière.

L'église de l'Étang-la-Ville montre aux visiteurs un bas-relief d'albâtre, scène très animée d'un artiste inconnu, datant, paraît-il, de 1670 et qui représente la Dispersion des Apôtres. Un sculpteur maintenant décédé, M. Deloye, en fit don à cette église ; ce bas-relief lui avait été remis en paiement de portraits du comte et de la comtesse Telfener, parents de Mackay, le milliardaire américain (*planche 79*).

Le dix-septième siècle a laissé en Seine-et-Oise plusieurs belles statues funéraires de marbre dont quelques-unes sont signées. En 1666, Henri de Lorraine, comte d'Harcourt, grand écuyer de France, mourut au monastère de Royaumont. Né en 1601, ce prince fut un des plus célèbres hommes de guerre du siècle ; général de l'armée navale, il enleva Sainte-Marguerite aux Espagnols, vainquit à Quiers, reprit Turin en 1640, échoua devant Lérida, puis gouverna la Guyenne et la Catalogne ; il joua également un rôle pendant les troubles de la Fronde. On l'appelait « Cadet la Perle » par suite de sa manie de porter une perle à l'oreille. Un de ses fils fit faire son tombeau par Coysevox, le fameux sculpteur lyonnais ; il est actuellement dans l'église d'Asnières-sur-Oise. Le défunt est soutenu par une gloire allégorique (*planche 79*).

Martin Ruzé, seigneur de Beaulieu et de Chilly, naquit en 1526 et décéda en 1613 ; secrétaire des commandements du duc d'Anjou, il le suivit en Pologne et resta à son service, lorsque ce prince devint Henri III ; secrétaire d'État en 1588, il continua ces fonctions sous Henri IV, devint trésorier des Ordres du roy et grand maître des Mines de France. Son tombeau, vaste monument, œuvre d'un anonyme, est dans l'église de Chilly-Mazarin (*planche 80*).

3

Lors de la destruction de Notre-Dame de Corbeil, en 1821, on transporta à Saint-Spire le tombeau de Jacques Bourgoin (1585-1661). Fils d'un boulanger de Corbeil, cet homme de guerre servit sous Henri IV et ses deux successeurs, et aussi en Suède sous Gustave Adolphe. Devenu général et anobli, il fut gouverneur de Corbeil pendant la Fronde, puis diplomate. Il légua des biens à cette ville et y fonda un collège (*planche 80*).

L'église de Magny-en-Vexin s'enorgueillit de trois statues funéraires de personnages historiques qui y trouvèrent leur sépulture ; la première que l'on attribue à Michel Bourdin, mort en 1640, par simple analogie avec celle de Claude de Laubergiste, qui est à Bourges, représente Nicolas III Le Gendre de Neufville, né à Paris vers 1512, seigneur de Villeroy et Magny, secrétaire du Roi, trésorier de France, chevalier de St Michel, prévôt des Maréchaux, puis gouverneur de Mantes et Meulan, mort à Paris, en 1598. La seconde statue est celle de son fils, François Nicolas IV de Neuville, seigneur de Villeroy et Magny, né en 1543. D'abord ambassadeur à Madrid et à Rome, il fut ensuite secrétaire de la main de Charles IX et de Henri III. Très mêlé aux troubles de la Ligue et d'abord adversaire de Henri IV, il se rallia à ce prince en 1594, aida à sa reconnaissance et reprit ses fonctions de Secrétaire d'Etat auprès de lui. On a composé ce quatrain sur ses menées politiques :

> Le roi n'a pu vaincre la Ligue,
> Il n'appartient qu'à Villeroy
> Qui a si bien connu la brigue,
> Qu'enfin la Ligue a pris le roy.

Ministre de Louis XIII, il mourut en 1617, à l'ouverture des Etats Généraux de Rouen. Il composa plusieurs écrits, notamment des Apologues et ses mémoires d'Etat. Son épouse, morte en 1596, a sa statue funéraire à côté de la sienne : Madeleine de l'Aubespine, une des femmes les plus remarquables de son temps, écrivit en prose et en vers, traduisit les Epîtres d'Ovide ; Ronsard lui dédia des poésies.

La statue de Nicolas IV est attribuée à Guillaume Anguier, l'un des trois sculpteurs de ce nom (*planche 81*) ; celle de Madeleine de l'Aubespine est d'un anonyme.

Les trois monuments de Magny étaient autrefois placés dans un édicule à fronton, orné de sculptures allégoriques de marbre.

Michel Bourdin, nommé ci-dessus, a probablement sculpté les statues de l'église de Gambais : Joachim de Bellengreville, seigneur de Gambais, Sérifontaine, Mézy, etc., et sa première femme, Claude de Méricourt, veuve en premières noces du marquis de Gamaches. Né vers 1541, Bellengreville servit Henri IV avec fidélité, fut conseiller d'Etat, prévôt de l'Hôtel du roi, grand prévôt de France et gouverneur d'Ardres et de Meulan ; il mourut en 1521 (*planche 82*).

Un anonyme a laissé à Maffliers une bonne statue, malheureusement un peu mutilée, de Jehan Forget (1539-1611), baron de Maffliers, conseiller d'Etat, conseiller au Parlement, président des Enquêtes, président à mortier du Parlement de Paris, en 1570, ami des gens de lettres et protecteur des pauvres (*planche 82*).

Les deux retables aux colonnes torses de Bréançon et de Haute-Isle, celui-ci avec une clôture de chœur, sont de l'époque de Louis XIII (*planche 83*). Le premier orné de peintures et de médaillons, avec personnages allégoriques au fronton, est de beaucoup supérieur au second, qui supporte cinq statues d'une exécution assez défectueuse.

Le banc d'œuvre de Belloy, les clôtures du chœur et le jubé de Saint-Maclou de Pontoise, lourdes mais riches sculptures qu'il sera intéressant d'opposer à celles de Montigny-lès-Cormeilles, du XVIIIᵉ siècle (*planches 84-5 et 6*).

On est étonné de rencontrer dans la rustique église de Jouy-le-Moutier un tableau ex-voto de 1646, relatif à un épisode de la vie de Louis IX. « Mon fils, j'aimerois mieux vous voir mort que de « vous voir commettre un péché mortel ». Et au-dessus de la toile ces mots : « Blanche voue à la Sainte Vierge Sᵗ Louis son fils à « Maubuisson » (*planche 86*).

Trois belles chapes à broderies ont été données par Louis XIV à l'église de Gonesse ; elles figurent : la vocation de saint Pierre, la remise des clefs à ce saint, et saint Paul renversé sur le chemin de Damas (*planche 88*).

IX. — *XVIIIᵉ ET XIXᵉ SIÈCLES.*

L'art sculptural du XVIIIᵉ siècle est représenté dans l'Album par un médaillon de Louis XIV, de l'hôtel de ville de Versailles, attribué à Antoine Coysevox, mort en 1720, dont nous avons déjà parlé au sujet du tombeau d'Henry de Lorraine (*planche 89*).

Il faut noter aussi le tombeau de Gravier de Vergennes, ministre de Louis XIV, mort en 1787, que le sculpteur Blaise a fait pour Notre-Dame de Versailles (*planche 89*).

Un autre monument funéraire inférieur aux précédents est à Magny-en-Vexin, en mémoire de l'abbé Dubuisson † en 1788 ; marbre polychrome, ouvrage de Claude de Joux (1732-1815) (*planche 90*).

Le bas-relief en cuivre doré de l'église de Rueil, le Christ au tombeau, daté de 1757, est d'une exécution soignée et d'un bel effet décoratif (*planche 90*).

L'église moderne de Montigny-lès-Cormeilles garde précieusement un ensemble de sculptures sur bois de l'époque de Louis XV d'une facture riche et élégante ; ce sont : un retable, avec un Christ en croix d'une belle allure ; un banc d'œuvre avec un saint Martin ; des lambris et un confessionnal. On ignore le nom de l'artiste et la date exacte de leur exécution (*planches 91-92*).

Les remarquables boiseries de la même époque, qui tapissent une chapelle de la collégiale de Poissy, ne leur sont pas inférieures (*planche 93*).

Le Jansénisme a sa place dans l'Album ; il est commémoré par un crucifix en ivoire de l'hôpital de Mantes, mais l'intérêt réside plutôt dans le cadre admirablement fouillé (*planche 93*).

La statuaire contemporaine a deux représentants, le tombeau du duc de Berry, de Pradier, de la cathédrale de Versailles, dont on connaît la grandeur tragique et la Vierge assise de Clairefontaine, terre cuite de Falguières (*planche 94*), qu'il est instructif de comparer avec les statues similaires des XIIe XIIIe et XIVe siècles que cet album contient.

Il a semblé utile de reproduire deux tableaux à titre d'exemples sur les 123 qui sont classés dans notre département ; ce sont la Vierge des moissons, de l'église d'Orcemont, peinte en 1819 par Eugène Delacroix ; et saint Pierre délivré de prison, par J. B. Deshays (mort en 1761), de la cathédrale Saint-Louis de Versailles (*planches 95 et 96*).

P. COQUELLE,

Correspondant du Ministère de l'Instruction publique
et des Beaux-Arts.

BIBLIOGRAPHIE

BARBIER DE MONTAULT. — *Manuel d'Iconographie chrétienne.*

BART (Victor). — *Note sur les objets d'art de la mairie de Versailles.* Bulletin de la Commission des Antiquités de S. et-O., vol. IX.

— *Excursion à Longpont, Montlhéry et Linas,* ibidem, vol. XI.

BAUDOT (DE). — *La sculpture française.*

BAZIN. — *Appel pour le tombeau du chancelier de l'Hôpital à Champmotteux.* Bulletin de la Commission des Antiquités de S.-et-O., vol. XVI.

BEAUFILS. — *Une œuvre présumée de Martin Claustre,* 1908.

BRIÈRE (Gaston). — *Une œuvre de Coysevox ; Le tombeau d'Henry de Lorraine, Cte d'Harcourt.* Revue d'histoire contemporaine et moderne, 1899-1900.

CASSAN (Armand). — *Statistique de l'Arrondissement de Mantes,* 1833.

CAUMONT (DE). — *Abécédaire archéologique.* Tome II.

COQUELLE (P.). — *Monographie de l'église de Gaillon,* Bulletin de la Commission des Antiquités de S.-et-O., vol. XXVII.

— *Monographie de l'église de Seraincourt,* idem, vol. XXV.

— *Le Christ de Guiry ;* idem, vol. XXVI.

— *Les statues de Guiry,* communication au Congrès des Sociétés savantes, 1906.

— *Les objets mobiliers classés de Seine-et-Oise et les moyens d'assurer leur conservation,* 1909.

COÜARD. — *Notice sur le Christ en croix de Notre-Dame de Versailles,* Bulletin de la Commission des Antiquités de S.-et-O., vol. X.

— *Les boiseries de l'église de Montigny-lès-Cormeilles,* idem, vol. XVI.

— *Note sur l'église et la vierge de Delacroix à Orcemont,* idem, vol. XIV.

COURAJOD. — *Ses leçons à l'école du Louvre.*

CROSNIER. — *Manuel d'Iconographie chrétienne.*

DAVID (Emeric). — *Histoire de la Sculpture française,* 1853.

DEPOIN (Joseph). — *La vierge ouvrante de St-Ouen l'Aumône.* Mémoires de la Société historique du Vexin, vol. IV.

— *Sur le Reliquaire de Bruyères,* Bulletin de la Commission des Antiquités de S.-et-O., vol. VII.

DIDRON. — *Histoire de Dieu.*

— *Annales archéologiques,* t. I et II.

— *Manuel des œuvres d'orfévrerie du Moyen-Age,* 1859.

DION (Ad. DE). — *L'autel criobolique de Maule,* 1898.

DUFOUR. — *Les manuscrits des « Antiquités de Corbeil » de Jean de la Barre,* Bulletin de la Commission des Antiquités de S.-et-O., vol. XV.

— *Notice sur Jacques Bourgoin,* idem, vol. XIX et XX.

— *Notes sur la Ville de Corbeil,* idem, vol. VI.

DURAND et GRAVE. — *Notice sur l'église de Magny-en-Vexin*, Bulletin de la Commission des Antiquités de Seine-et-Oise, vol. III.

— *Inventaire de l'église Notre-Dame de Mantes*, idem, vol. IV.

ENLART (Camille). — *Manuel d'Archéologie française*, vol. II.

FORRER und MÜLLER. — *Kreuz und Kreuzigung Christi*, 1894.

FORTIER. — *L'Église de Jouy-le-Moutier*, Bulletin de la Commission des Antiquités de S.-et-O., vol. IX.

GABORIT (abbé). — *Manuel d'Archéologie*.

GALLET (abbé). — *Répertoire archéologique du canton d'Ecouen*, Bulletin de la Commission des Antiquités de S.-et-O., vol. III.

GATIN. — *Histoire de Vétheuil*, 1900.

GAVIN. — *Notice sur la Diège*, vierge du XIIe siècle à Jouy-en-Josas. Bulletin de la Commission des Antiquités de S.-et-O., vol. XXI.

GONSE (L.). — *La sculpture française*, 1895.

GRAVE (E.). — *Histoire de l'Arrondissement de Mantes* (manuscrit).

— *Notice sur des pierres tombales hébraïques*, Bulletin de la Commission des Antiquités de S.-et-O., vol. VIII.

— *La statue d'Omerville*, idem, vol. XXI.

GRIMOARD DE SAINT-LAURENT. — *Guide de l'art chrétien*.

GRIMOT (abbé). — *Inventaire de l'église de Champagne*, Bulletin de la Commission des Antiquités de S.-et-O., vol. III.

GUILHERMY (DE). — *Inscriptions de l'ancien diocèse de Paris*.

KLEINCLAUZ. — *Klaus Sluter*, 1907.

KOECHLIN (Raymond). — *La sculpture belge et les influences françaises*, 1903.

— *La sculpture aux XIVe et XVe siècles dans la région de Troyes*, 1904.

KOECHLIN (R.) et VASSELOT. — *La sculpture à Troyes et dans la Champagne méridionale au XVIe siècle*, 1900.

LAROCHE. — *Notice sur un tronc portatif de cuivre de St-Spire de Corbeil*, Bulletin de la Commission des Antiquités de S.-et-O., vol. II.

LASTEYRIE (DE). — *Études sur la sculpture française*, 1902.

LE CHARPENTIER et DEPOIN. — *L'Antependium de l'Hôtel-Dieu de Pontoise*, Bulletin de la Commission des Antiquités de S.-et-O., vol. IV.

LEFÈVRE (Louis-Eugène). — *Le vitrail des Sibylles d'Etampes*, Communication à la Société des Antiquaires de France.

LEFÈVRE-PONTALIS (Eug.). — *Monographie de l'église de Gonesse*. Mémoires de la Société historique du Vexin, vol. XI.

— *Monographie de l'église St-Maclou de Pontoise*. Publication de la Société historique du Vexin, vol. in-4°, 1901.

— *La pierre de Maule*. Bulletin de la Société des Antiquaires de France, 1905.

LEGRAND (Maxime). — *Etampes pittoresque*.

LIOSNE (DE). — *Le crucifix de Lillers*.

MAGNE (Lucien). — L'œuvre des peintres verriers français.

— Les vitraux de Montmorency et d'Ecouen, Publication de la Société historique du Vexin, vol. in. 4e.

MALE (Emile). — L'art religieux à la fin du Moyen Age.

MALLET (abbé). — Manuel d'Archéologie religieuse, vol. II, 1883.

MARCOU et COURAJOD. — Musée de sculpture comparée aux XIVe et XVe siècles, 1892.

MARCOU ET MOLINIER. — Etudes rétrospectives de l'Art Français.

MARQUIS (Léon). — Les rues d'Etampes.

MARSAUX (chanoine). — Notice sur le reliquaire de Bruyères, Bulletin de la Commission des Antiquités de S.-et-O., vol. VII.

— Les stalles de chœur de l'Isle-Adam, Mémoires de la Société historique du Vexin, vol. XIII.

— Notice sur quelques broderies du diocèse de Versailles, idem, vol. XXIII.

— Le baiser de paix de Champagne, Bulletin monumental, 1892.

— Les vitraux de Groslay, idem, vol. XII.

— Le reliquaire de Bruyères, Mém. de la Société historique du Vexin, vol. XI.

MARTIGNY. — Dictionnaire des Antiquités chrétiennes.

MARTIN-SABON (F.). — Promenades artistiques en Seine-et-Oise, vol, in. 8°, avec 150 photographies, 1905.

MICHEL (André). — Histoire de l'Art, 1906-08.

MILLIN. — Antiquités nationales.

MOLINIER. — La collection Spitzer.

PLANCOUARD (Léon). — Notice sur le christ de Guiry, bulletin de la Commission des Antiquités de S.-et-O., vol. XIII.

— La vierge de Cléry, idem, vol. XXI.

PONSIN. — Objets mobiliers de l'église de Montmorency, idem, vol. XXVI.

RÉGAMEY (Félix). — Saint-Sauveur de Limay, idem, vol. VII.

RÉGNIER (Louis). — Excursion à Magny et Nucourt. Mémoires de la Société historique du Vexin, vol. XI.

— L'église de Limay et le tombeau de Jean le Chenut, 1906.

RIEHL. — Geschichte der Stein und Holzplastik in Ober-Bayern vom XII bis mitte des XVI Jahrhunderts, 1903.

— Die Münchener Plastik in der Wende vom Mittelalter zur Renaissance, 1904.

RIS (CLÉMENT DE). — Inventaire général des Richesses d'art de la France ; monuments religieux, Province, vol. I, 1886.

ROHAULT DE FLEURY. — L'Evangile, Etudes iconographiques, 1884.

SAUVAL. — Antiquités de Paris.

VIOLLET-LE DUC. — Dictionnaire d'Architecture.

VITRY et BRIÈRE. — Documents de Sculpture française du Moyen-Age, 1905.

— Les tombeaux de Saint-Denis, 1908.

TABLE ALPHABÉTIQUE PAR COMMUNES

Cl. P. Coquelle

1. MAULE — Pierre conservée à l'hôtel de Ville.

XIIe SIÈCLE

Cl. Martin-Sabon

2. CARRIÈRES St-DENIS — Retable pierre.

Ci. P. Coquelle

3. GUIRY — Crucifix d'argent.

Cl. P. Coquelle

4. GAILLON — Fonts baptismaux pierre.

Cl. Bourdier

Cl. Martin-Sabon

5. JOUY-en-JOSAS — Vierge bois.
6. PONTOISE — Église Notre-Dame. Tombeau de St-Gautier pierre.

PI. 4

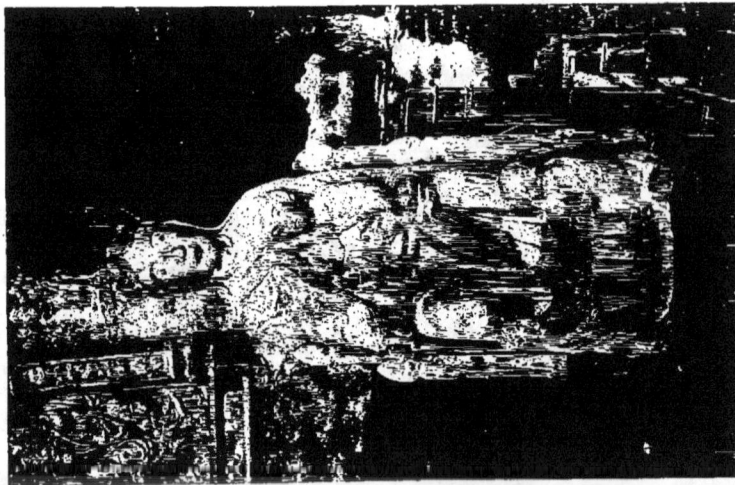

7. LIMAY — Ermitage St-Sauveur. Vierge bois.

Cl. P. Coquelle

8. GASSICOURT — Vierge bois.

Cl. Martin-Sabon

PL. 5

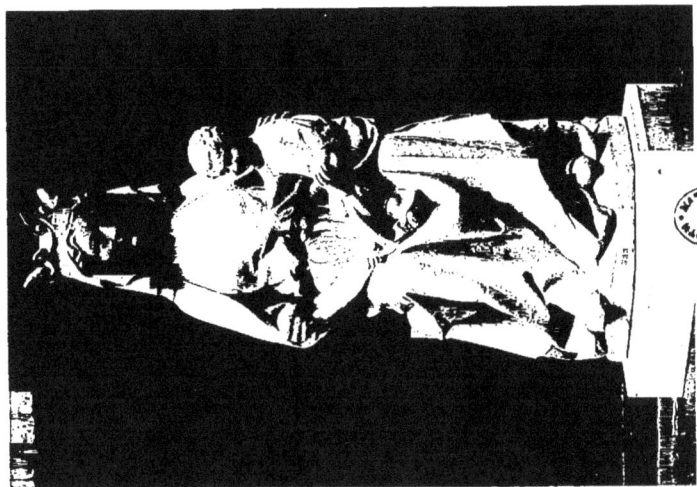

Cl. Martin-Sabon

10. TAVERNY — Vierge pierre.

Cl. P. Coquelle

9. MAFFLIERS — Vierge bois.

Cl. Bourdier

11. LONGPONT — Vierge pierre.

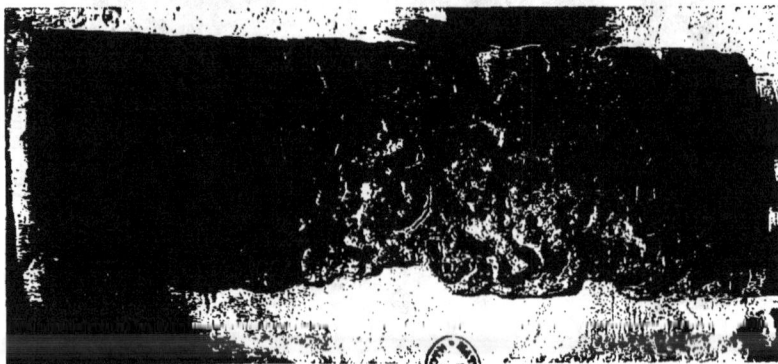

Cl. Martin-Sabon

12. LIMAY — Epitaphe historique pierre.

PL. 7

XIIIe SIÈCLE

Cl. Martin-Sabon

Cl. Martin-Sabon

13. St-OUEN L'AUMONE — Vierge ouvrante.

Cl. Martin-Sabon

14. LIMAY — Fonts baptismaux pierre.
15. VÉTHEUIL — Fonts baptismaux pierre.
16. GASSICOURT — Fonts baptismaux pierre.

Cl. Martin-Sabon

17. PONTOISE — Église Notre-Dame. Vierge pierre.

Martin-Sabon

Cl. Martin-Sabon

18. PONTOISE — Église St-Maclou
Vierge pierre.

19. MAGNY-en-VEXIN
Vierge albâtre.

PL. 11

XIVᵉ SIÈCLE

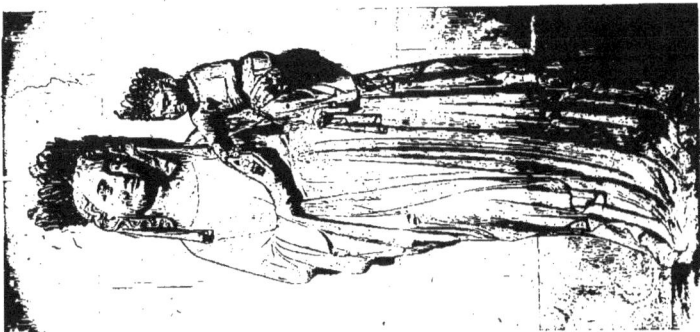

Cl. Bourdier
20. LÉVY-ST-NOM. — Vierge marbre.

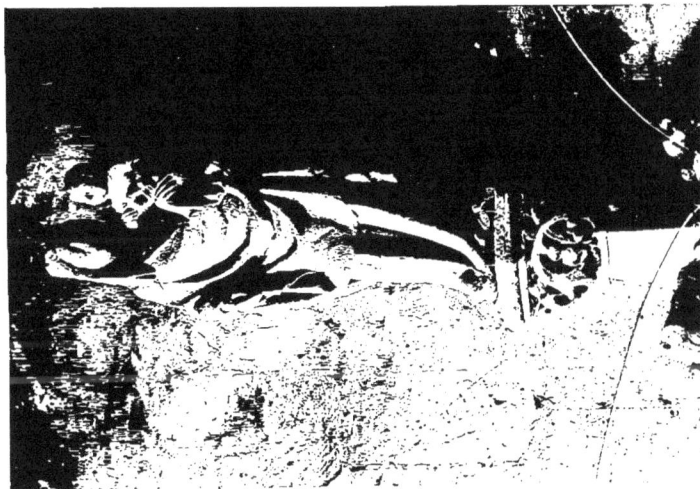

Cl. Martin-Sabon
21. PONTOISE — Église St-Maclou. — Vierge pierre.

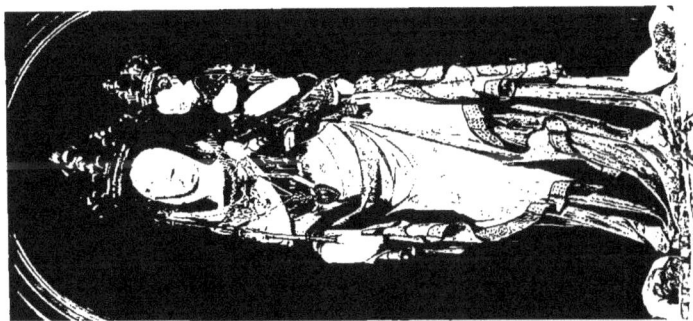

Cl. Bourdier
22. PRUNAY-sur-ESSONNE
Vierge pierre.

XIV· SIÈCLE

25. JAMBVILLE. — Vierge pierre.

Cl. Martin-Sabon

24. BRÉANÇON. — Vierge pierre.

Cl. Martin-Sabon

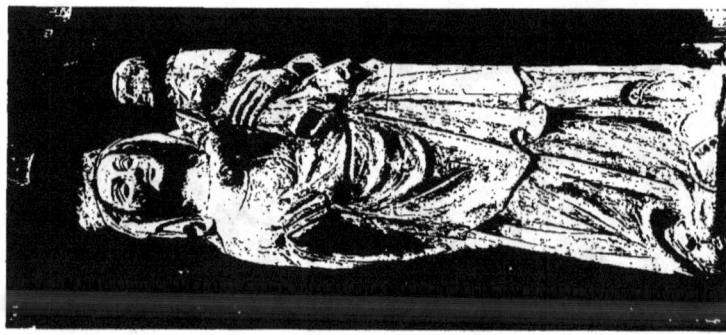

23. CLÉRY-EN-VEXIN
Vierge pierre.

Cl. Martin-Sabon

XIVᵉ SIÈCLE

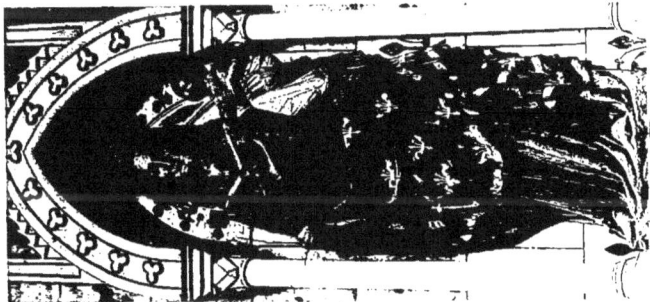

26. GOUZANGREZ
Vierge pierre.

27. THÉMÉRICOURT
Vierge pierre.

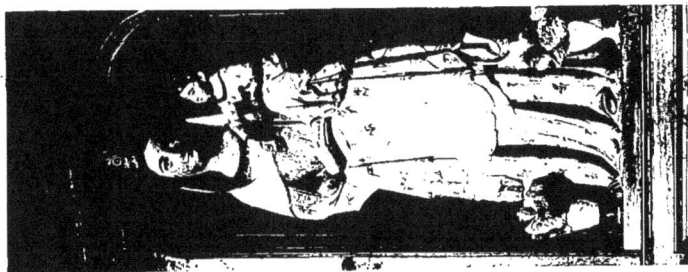

28. MONTGEROULT
Vierge pierre.

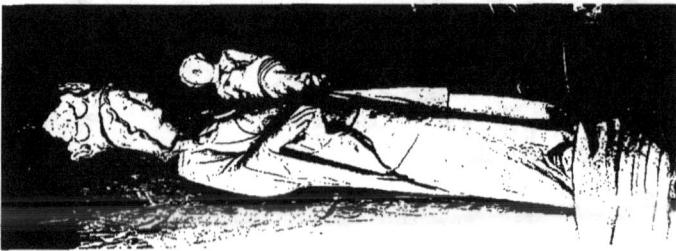

29. St-GERVAIS
Vierge pierre.

Cl. Martin-Sabon

30. VILLENEUVE-en-CHEVRIE
Vierge pierre.

Cl. Coquelle

31. PALAISEAU
Vierge pierre.

Cl. Martin-Sabon

XIVᵉ SIÈCLE

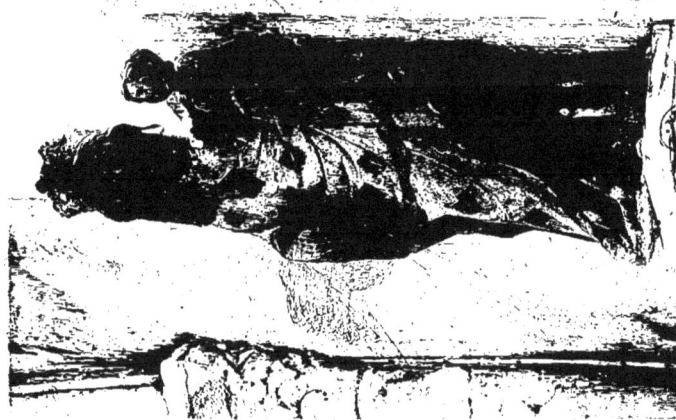

32. VERNEUIL-sur-SEINE — Vierge pierre.

Cl. Bourdier

33. ABLEIGES — Vierge pierre.

Cl. Coquelle

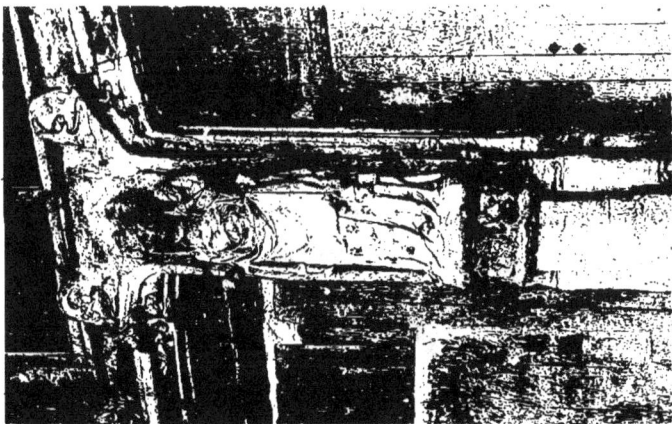

34. JOUY-le-MOUTIER — Vierge pierre.

Cl. Martin-Sabon

PL. 16

XIVe SIÈCLE

Cl. Martin-Sabon

37. LONGUESSE — Vierge pierre.

Cl. Bourdier

36. SANTENY — Vierge pierre.

Cl. Martin-Sabon

35. MONTIGNY-les-CORMEILLES
Vierge pierre.

PL. 17

XIV SIÈCLE

Ph. Bourdier

40. FORGES-les-BAINS - Vierge pierre.

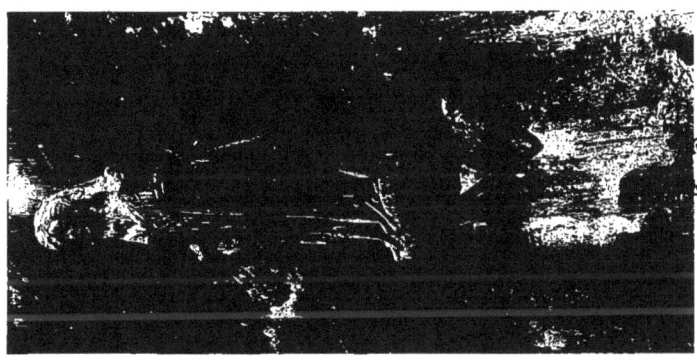

Ph. P. Coquelle

39. GRISY-les-PLATRES
Vierge de l'Annonciation pierre.

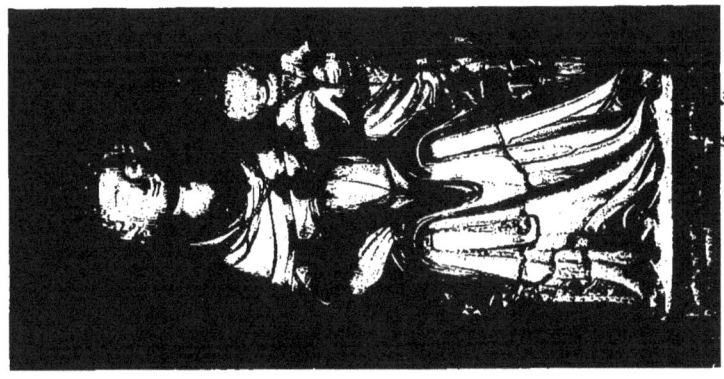

Ph. Martin-Sabon

38. VÉTHEUIL - Vierge pierre.

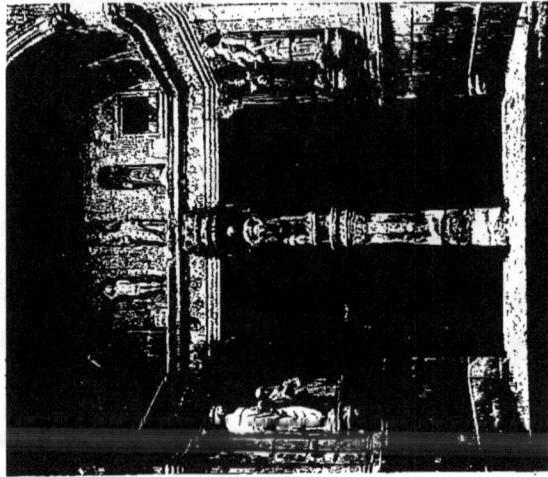

41. St-GERVAIS — Ste Catherine, pierre, du XIVᵉ siècle, au milieu du tympan.

Cl. P. Coquelle

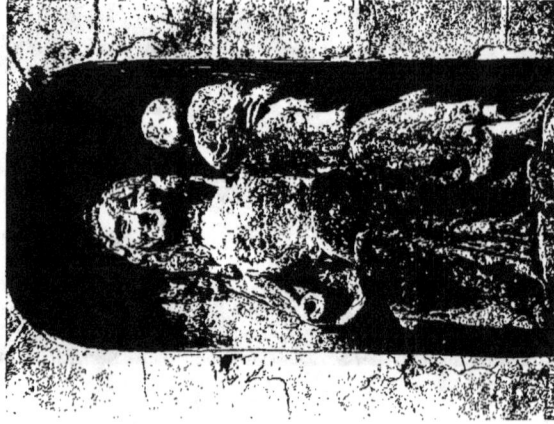

42. MONTREUIL-VILLE
Vierge bois.

Cl. Coquelle

43. ERAGNY — Vierge pierre.

Cl. Bourlier

44. CHAMPAGNE. — Vierge pierre.

Cl. Martin-Sabon

45. LIMAI ... — Vierge pierre.

P. Coquelle

46. FOSSES — Vierge pierre.

Cl. Barthe d'Annelet

XIVᵉ SIÈCLE

PL. 20

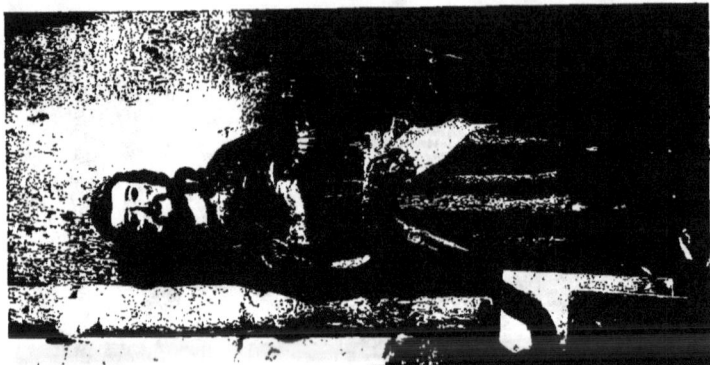

47. GUIRY — St-Jean-Baptiste pierre.

Cl. P. Coquelle

48. GUIRY — Évêque pierre.

Cl. P. Coquelle

49. GUIRY — St-Jean-Baptiste pierre.

Martin-Sabon

XIV SIÈCLE

53. GARGENVILLE. Crucifix bois.

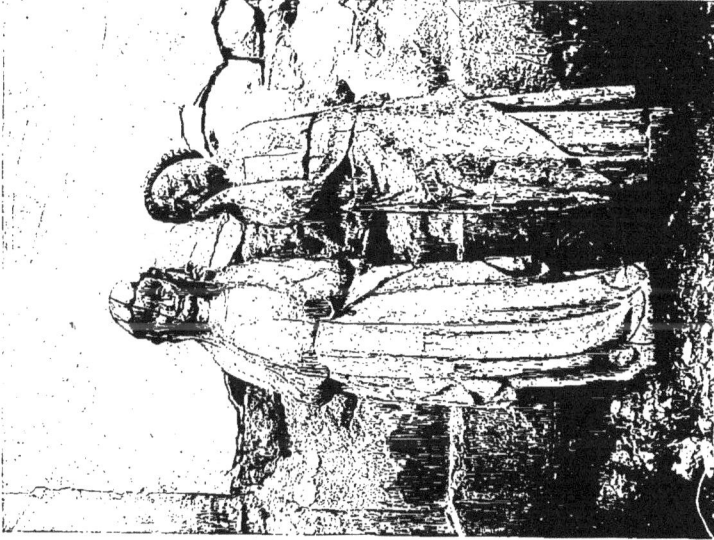

51-52. GARGENVILLE. St-Marie et St-Jean bois.

50. SERAINCOURT
St-Sulpice bois.

Cl. Martin-Sabon

54-55. MANTES — Princesses de la Maison de France pierre.

Cl. Martin-Sabon

56-57. MANTES — Princesses de la Maison de France pierre.

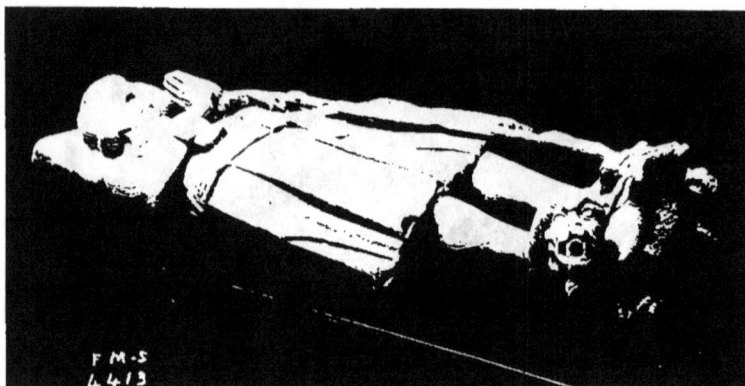

Cl. Martin-Sabon

58. CORBEIL — Église St-Spire
Statue funéraire de Haymon 1er Comte de Corbeil, marbre et pierre.

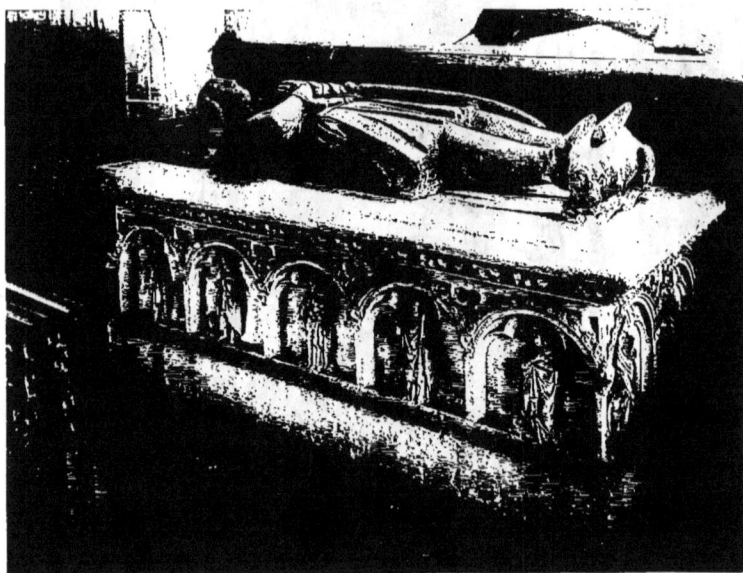

Cl. Bourdier

59. CONFLANS-Ste-HONORINE
Statue funéraire de Mathieu de Montmorency, pierre.

Cl. Martin-Sabon

60. LIMAY — Ermitage St-Sauveur
Statue funéraire de Thomas Letourneur, marbre.

Cl. Bourdier

61. St-SULPICE de FAVIÈRES
St-Sulpice guérissant les estropiés, bas-relief pierre.

Cl. Bourdier

Cl. Martin-Sabon

Cl. Bourdier

65. MARCOUSSIS — Vierge marbre de Jean de Cambray.

Cl. Martin-Sabon

64. COURCELLES-sur-VIOSNE — Vierge pierre.

XVe SIÈCLE

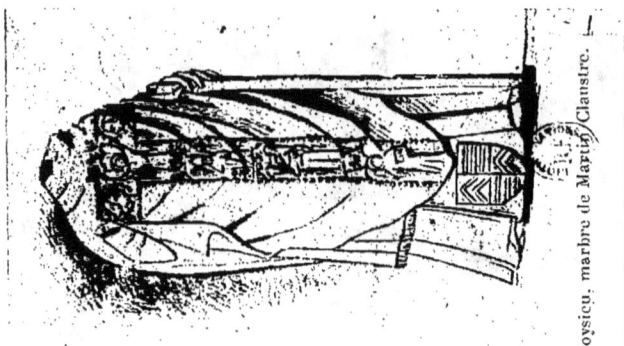

67. St-MESME : Statue d'Antoine de Poysieu, marbre de Martin Claustre.

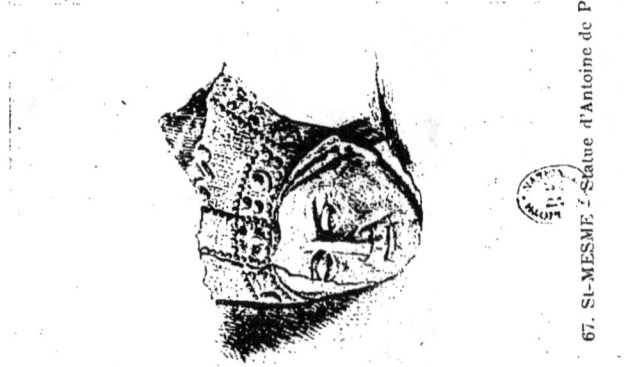

66. LÉVY St-NOM — Vierge pierre.

Cl. Bourdier

XV° SIÈCLE

68. TAVERNY — Vierge marbre.

Cl. Bourdier

69. VÉTHEUIL — Vierge pierre.

Cl. Martin-Sabon

XVᵉ SIÈCLE

72. GUIRY — St-Jean-Baptiste pierre.

Cl. P. Coquelle

71. MÉZIÈRES-sur-SEINE
Vierge pierre.

Cl. Coquelle

70. LES ALLUETS — Vierge pierre.

Cl. Bourdier

Cl. Bourdier

74. TAVERNY — Christ en croix bois.

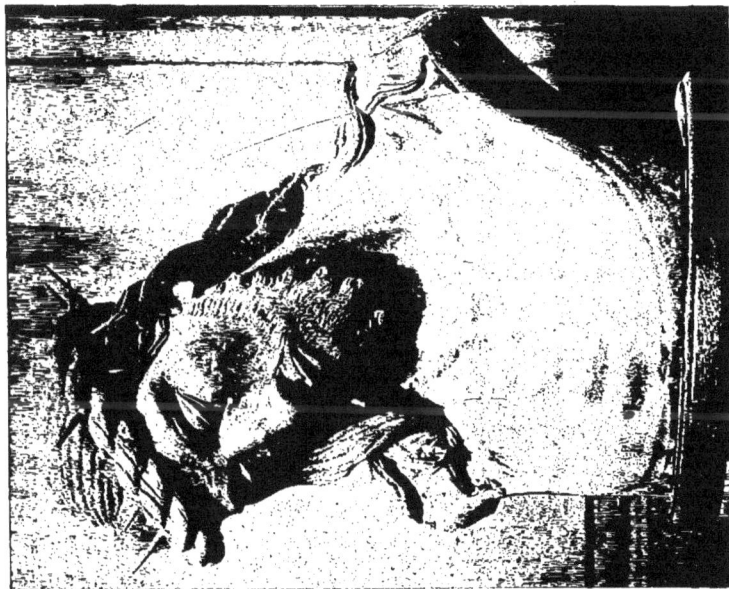

Cl. Martin-Sabon

73. PONTOISE — Église St-Maclou: buste du Christ bois.

PL. 52

XVᵉ SIÈCLE

75. POISSY — Ste Barbe pierre.

Cl. Ch. Martin-Sabon

76. POISSY — St-Jean Baptiste pierre.

Cl. P. Coquelle

77. POISSY — L'Éducation de la Vierge pierre.

Cl. P. Coquelle

XVe SIÈCLE

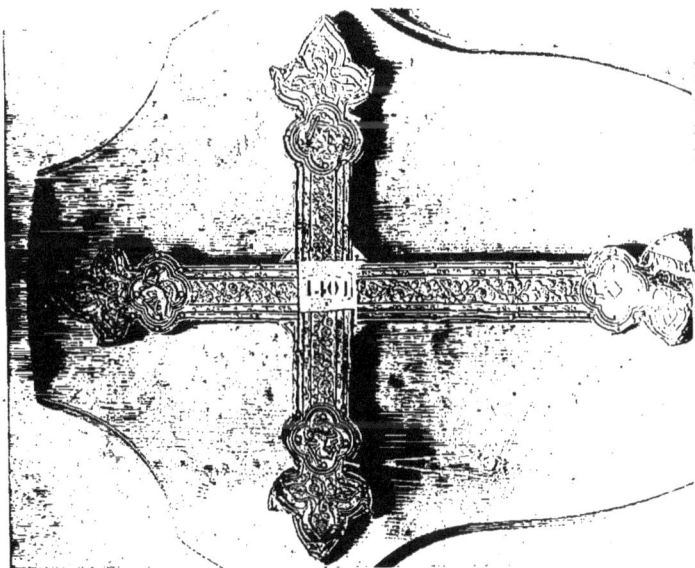

78. St-SULPICE de FAVIÈRES — Croix processionnelle argent.

Cl. Martin-Sabon

79. BOISSY-sous-St-YON — Martyre de St-Thomas
Bas-relief bois

Cl. Bourdier

Commencement du XVIᵉ SIÈCLE

80. VÉTHEUIL. — Ste-Madeleine pierre.

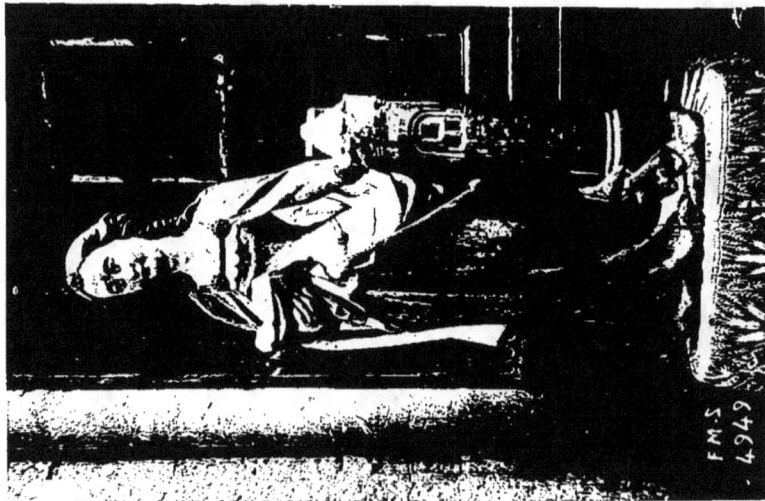

FMS
4949

81. St-SULPICE de FAVIÈRES. — Ste-Barbe bois.

Pl. 25

Commencement du XVIe SIÈCLE

82. HERBEVILLERS — Pierre.

83. GUBY — Pierre.

NOSTRE-DAME.

84. VEITHEUERE — Pierre.

85. WY Joly Villa — Vierge pierre.

Cl. Martin-Sabon

86. GUIRY — Vierge pierre.

Cl. Martin-Sabon

87. COURDIMANCHE — S. Martin pierre.

Cl. Berthe d'Annelet

Cl. Martin-Sabon

88. GUIRY — St-Christophe pierre.

Cl. Martin-Sabon

89. CERGY — St-Christophe bois.

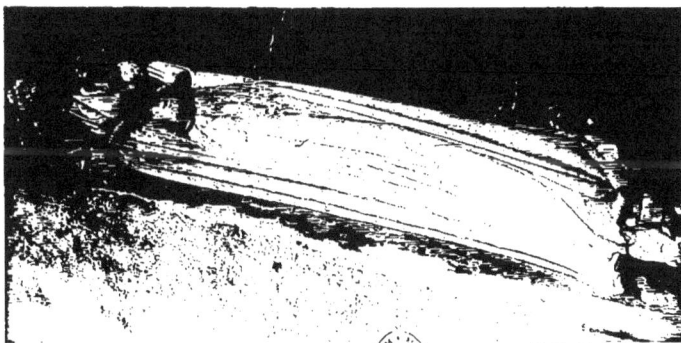

Cl. Martin-Sabon

90. OMERVILLE — Statue funéraire de Marie de Trie pierre.

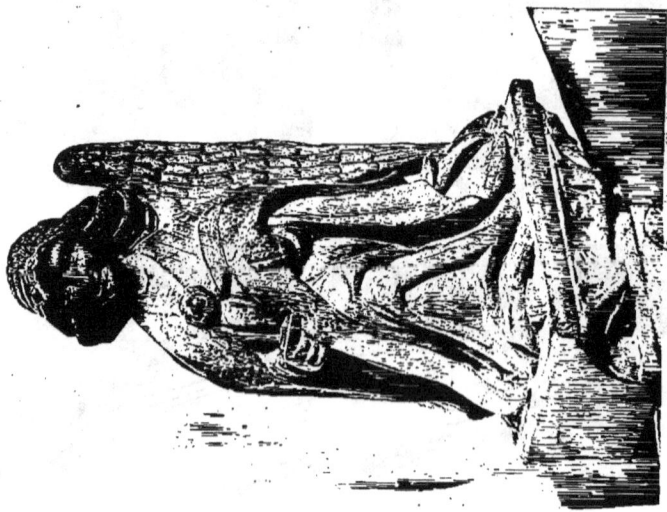

Commencement du XVIe SIÈCLE

PL. 28

Cl. P. Laquelle

Cl. P. Laquelle

91-92. GURY — L'Annonciation bois.

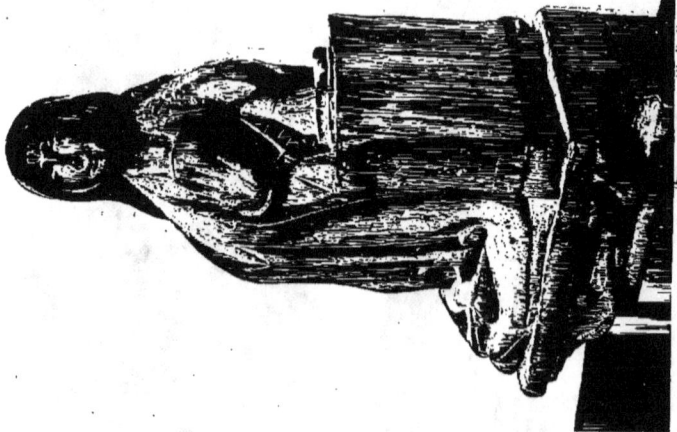

Cl. Martin-Sabon

Cl. Martin-Sabon

93-94. GUIRY — L'Annonciation pierre.

FMS 2957

Cl. Martin-Sabon

95. LIMAY — Tombeau de Jehan le Cornut pierre.

Cl. Bourdier

96. TRAPPES — Mise au Tombeau pierre.

Commencement du XVIᵉ SIÈCLE

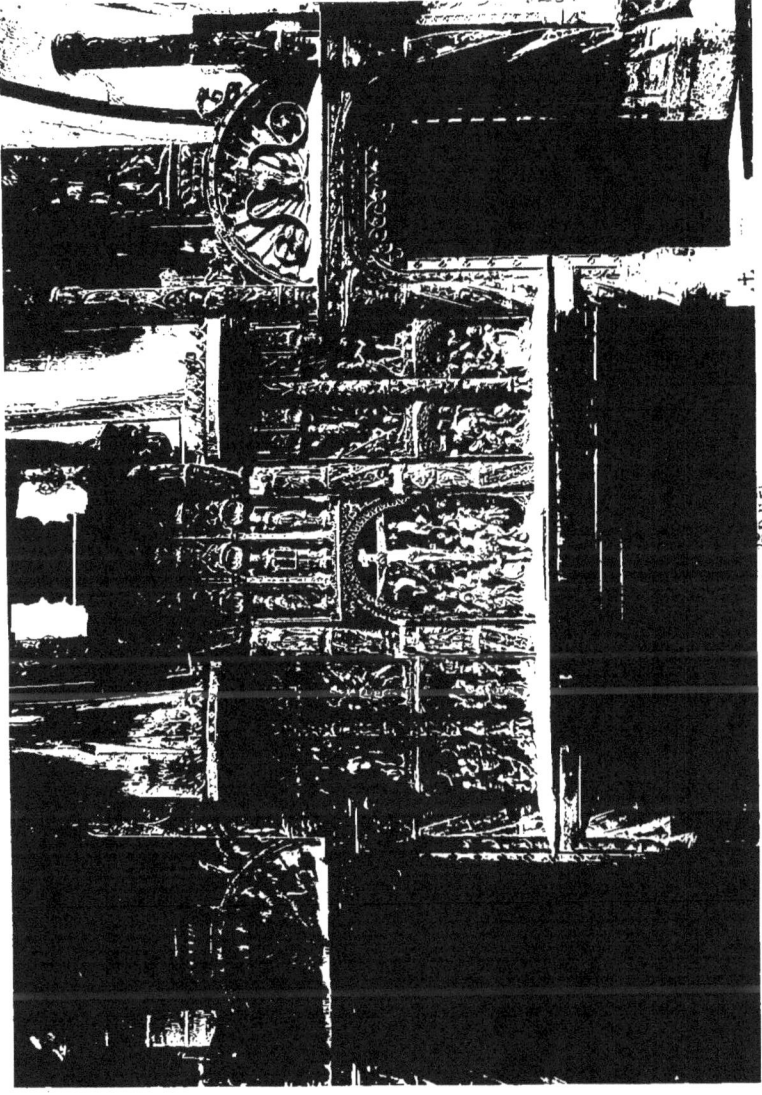

97. NUCOURT — Retable pierre.

Commencement du XVIe SIÈCLE

PL. 42

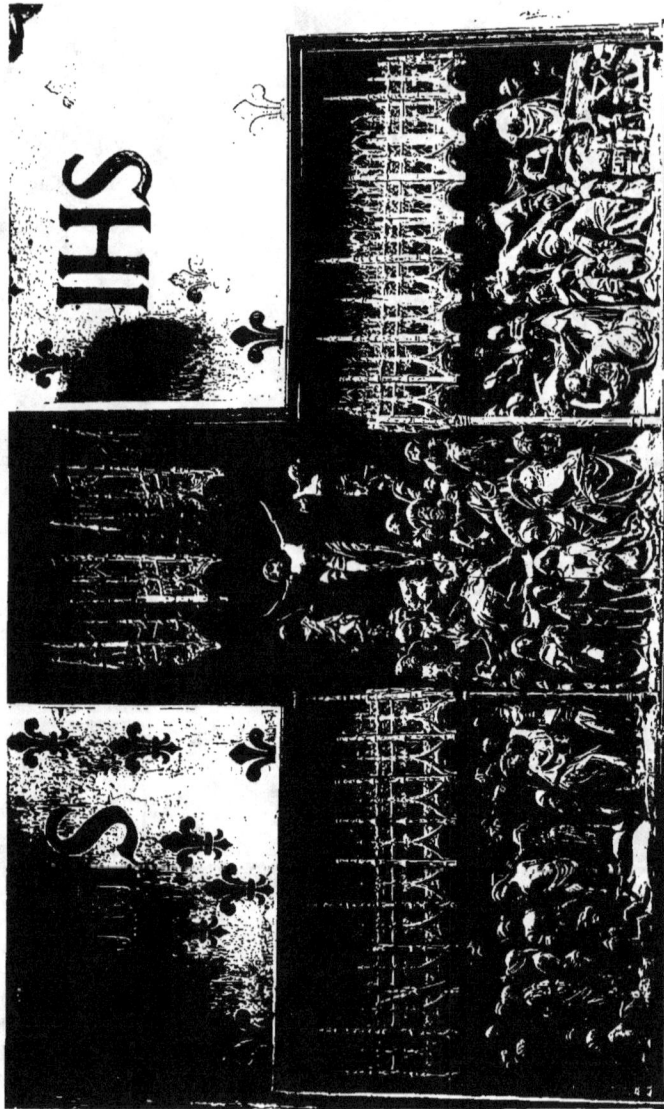

98. VÉTHEUIL. — Retable bois.

Pl. 43

Cl. Bourdier

22. GUERNES — Retable bois.

Cl. Martin-Sabon

100. BRÉANÇON — Fonts baptismaux pierre.

Cl. Martin-Sabon

101. CHAMPAGNE — Fonts baptismaux pierre.

Commencement du XVIᵉ SIÈCLE

G. Martin-Sabon

102. GONESSE — Peintures des Orgues.

Cl. Martin-Sabon

103.   CHAMPAGNE — Baiser de paix argent.

Martin Sabon   Martin-Sabon

104-105. GASSICOURT — Groupes bois.

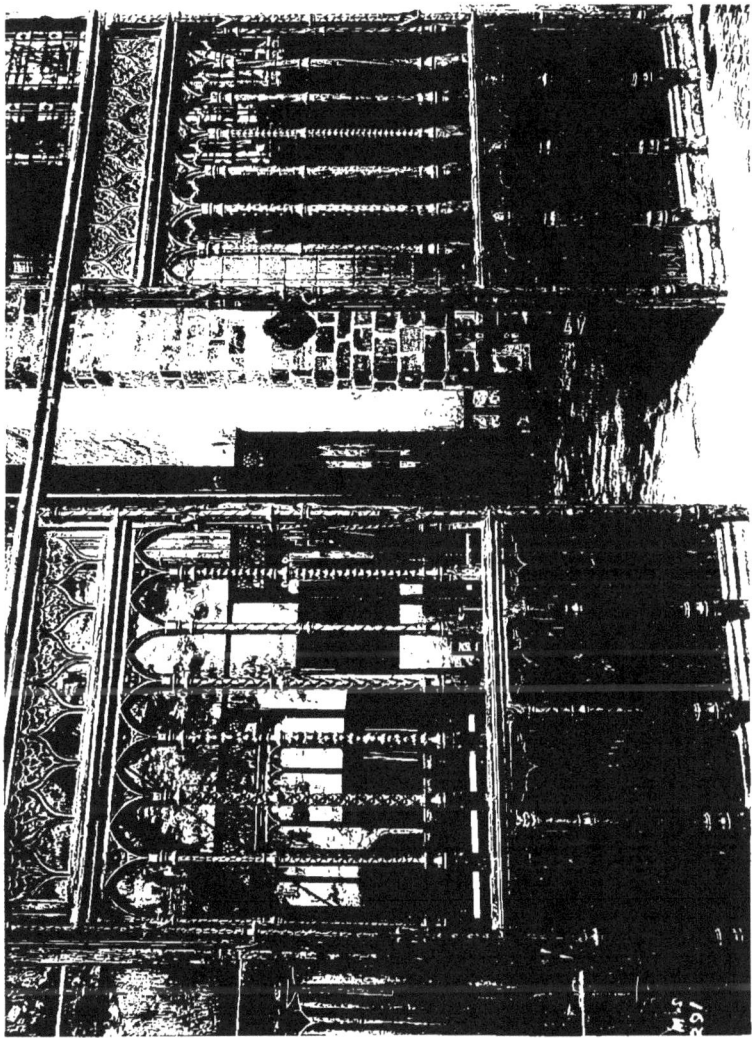

106.   GASSICOURT. — Clôture du Chœur.

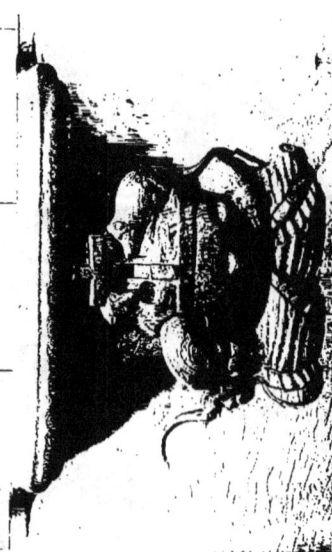

PL. 48

Commencement du XVIᵉ SIÈCLE

107. GASSICOURT — Miséricordes des Stalles de chœur.

Cl. Martin-Sabon

XVIᵉ SIÈCLE

Cl. Martin-Sabon

108. VÉTHEUIL : La Charité pierre.

Cl. Martin-Sabon

109. VÉTHEUIL : L'Astronomie pierre.

Cl. Martin-Sabon

110. VÉTHEUIL : La Sagesse pierre.

XVIᵉ SIÈCLE

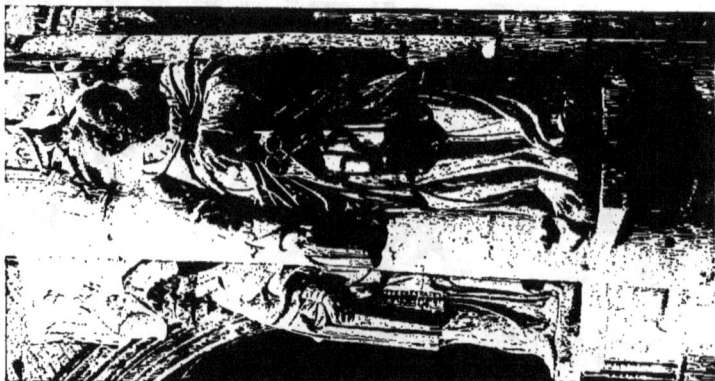

Cl. P. Coquelle

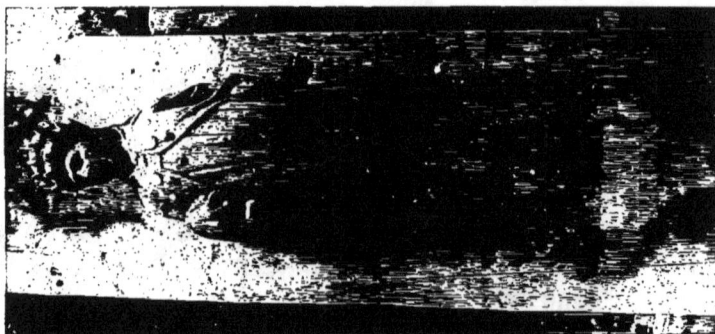

Cl. P. Coquelle

Cl. P. Coquelle

Cl. Martin-Sabon

Cl. Martin-Sabon

114. St-GERVAIS — Vierge pierre.

115. VÉTHEUIL — St-Jean pierre.

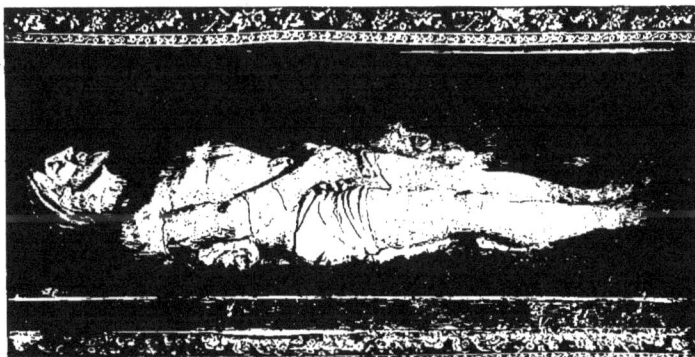

Cl. Bourdier

116. VÉTHEUIL — Christ au tombeau argile.

Pl. 52

117. PONTOISE — Église St-Maclou — Mise au Tombeau pierr e.

Cl. Martin-Sabon

Cl. Martin-Sabon

118. PONTOISE - Égl. St-Maclou Tête du Christ de la Mise au Tombeau.

Cl. Martin-Sabon

119. POISSY — Mise au Tombeau pierre.

Cl. Martin-Sabon

120. TAVERNY — Retable pierre, (Devant d'Autel du XVIe siècle).

121. TAVERNY — Panneaux du buffet des orgues

122. GOUSSAINVILLE — Rétable marbre et pierre.

M S 3085

Cl. Martin-Sabon

123. MAGNY-en-VEXIN. Baptistère pierre.

Cl. Bourdier

124. ÉTAMPES — Egl. St-Gilles — St-Jean-Baptiste prêchant (panneau)

Cl. Bourdier

125. CHAMPMOTTEUX — Tombeau du Chancelier de l'Hospital, pierre.

Cl. Martin-Sabon

126. ECOUEN — Fonts baptismaux pierre.

Cl. Martin Sabon

127. PELLOY — Fonts baptismaux pierre.

PL. 60

XVIᵉ SIÈCLE

Cl. Martin-Sabon

128. — FONTENAY-lès-LOUVRES — Miséricordes des Stalles de chœur.

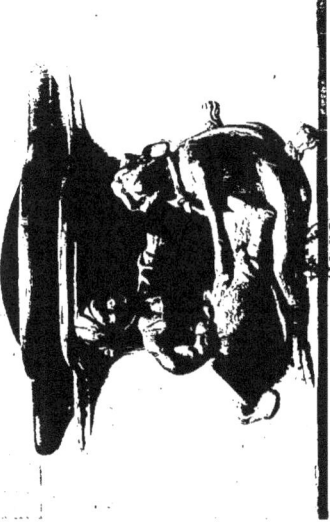

L'ISLE-ADAM — Miséricordes des Stalles du chœur

Cl. Martin-Sahon

130. MONTMORENCY — Stalles de Chœur.

Cl. Martin-Sabon

Cl. Martin-Sabon

131. PRESLES — Miséricordes des Stalles de Chœur.

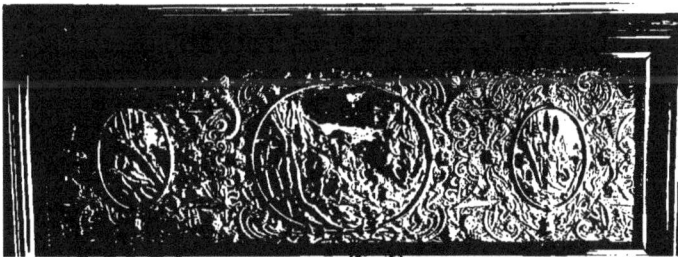

Cl. Martin-Sabon

132. PONTOISE — Hôtel-Dieu — Antependium soie brodée

153. L'ISLE-ADAM (...ble bois.

Cl. Martin-Sabon

Cl. Martin-Sabon

134. L'ISLE-ADAM — Chaire bois.
135. FONTENAY-lès-LOUVRES — Portes.

137. MAGNY-en-VEXIN — Portes.

Cl. Martin-Sabon

135. MONTMORENCY — Panneau de porte.

Cl. Martin-Sabon

XVI• SIÈCLE

139. LA ROCHE-GUYON — Portes.

Cl. Martin-Sabon

138. TRIEL — Portes.

Cl. Martin-Sabon

XVIe SIÈCLE

PL. 68

Cl. Martin-Sabon

Cl. Martin-Sabon

140-141. VÉTHEUIL — Portes.

Cl. Martin-Sabon

Cl. Martin-Sabon

142. — PONTOISE — Église St-Maclou — Panneaux du banc d'œuvre.

Cl. Martin-Sabon

143. ECOUEN — Vitrail : La Vierge adorant l'Enfant Jésus.

144. ECOUEN — Vitrail.

Cl. Martin Sabon

145.   GROSLAY — Vitrail : l'Arbre de Jessé.

Cl. Martin-Sabon

146. GROSLAY — Vitrail, Légende de Ste-Barbe.

Cl. Bourdier

147. ÉTAMPES — Égl. Notre-Dame.
Vitrail des Sybilles.

XVIIᵉ SIÈCLE

Cl. Bourdier

149. MARLY-le-ROI. — Vierge pierre.

F.M.S 3075
Cl. Martin-Sabon

148. MAGNY-en-VEXIN. — Vierge pierre

PL. 76

XVIIe SIÈCLE

150. FONTENAY-St-PÈRE
Ste-Barbe pierre.

151. VIRY-CHATILLON Ste-Luce bois.

152. HARAVILLIERS Vierge pierre.

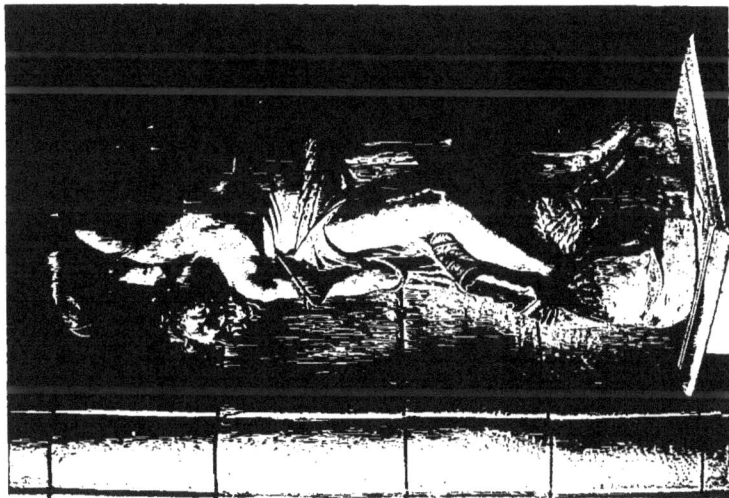

153. JOUY-en-JOSAS — St-Sébastien, marbre de P. Puget.

Cl. Bourdier

154. VÉTHEUIL — Ecce Homo pierre.

Cl. Martin-Sabon

Cl. Bourdier

156. VERSAILLES — Église Notre-Dame
Christ en Croix, marbre de Laurent Magnier.

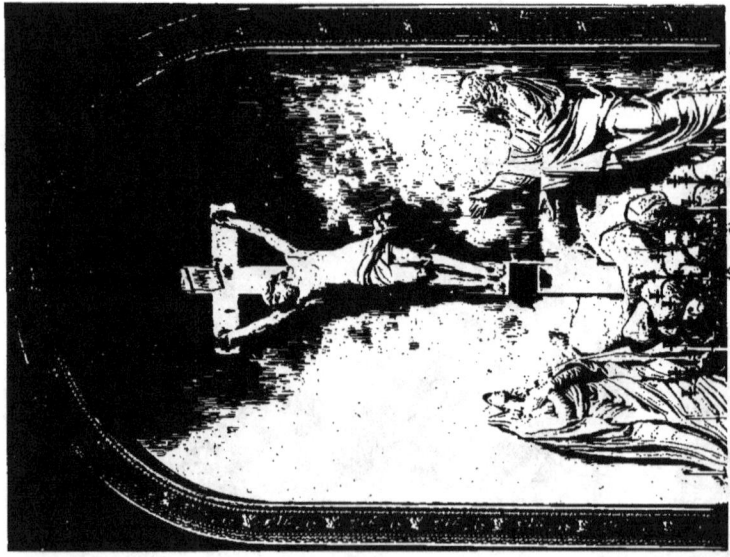

Cl. Bourdier

155. École Militaire de St-CYR
Christ en Croix, Argile de J. B. Sarrazin.

Cl. Burthe d'Annelet

Cl. Martin-Sabon

157. ASNIÈRES-sur-OISE — Tombeau d'Henry de Lorrraine
marbre de A. Coysevox.
158. L'ÉTANG-la-VILLE — La Dispersion des Apôtres, Bas-relief albâtre.

159. CHILLY-MAZARIN — Cl. Bourdier

160. CORBEIL — Église St-Spire. — Cl. Bourdier

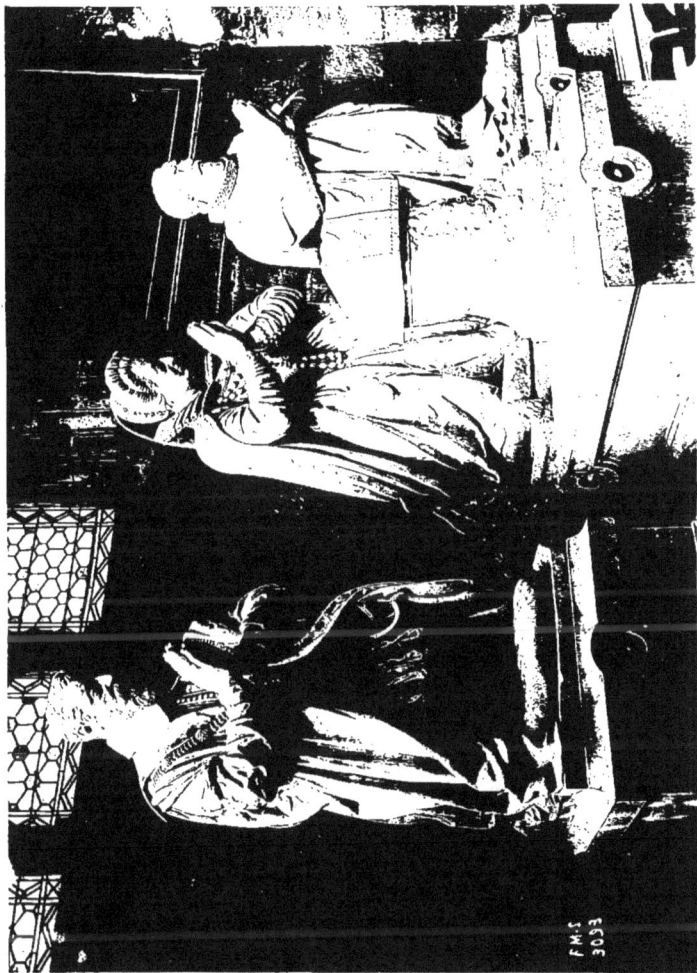

Cl. Martin-Sabon

161-162-163. MAGNY-en-VEXIN

Statues funéraires des Villeroy, marbres de Michel Bourdin et Guillaume Anguier.

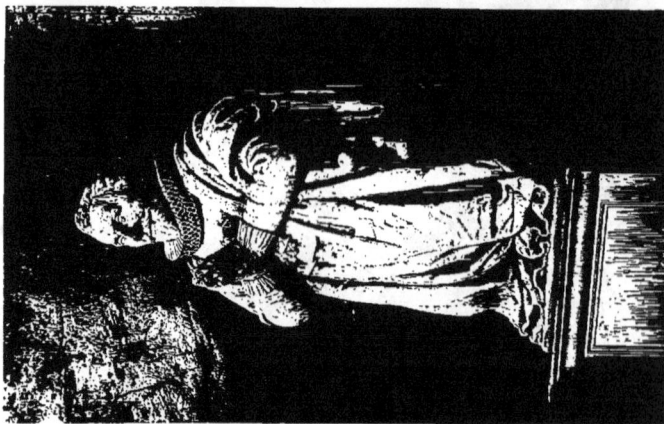

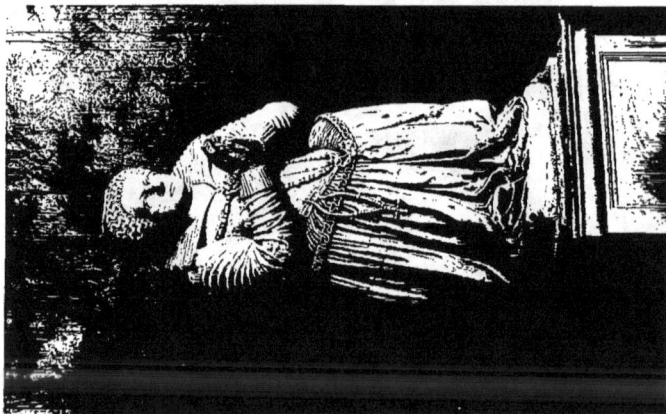

Cl. Bourdier

Cl. Bourdier

Cl. P. Coquelle

164-165. GAMBAIS — Statues funéraires des Bellengreville marbres de Michel Bourdin.

166. CARRIÈRES

Tombeau de Jean Forget marbre

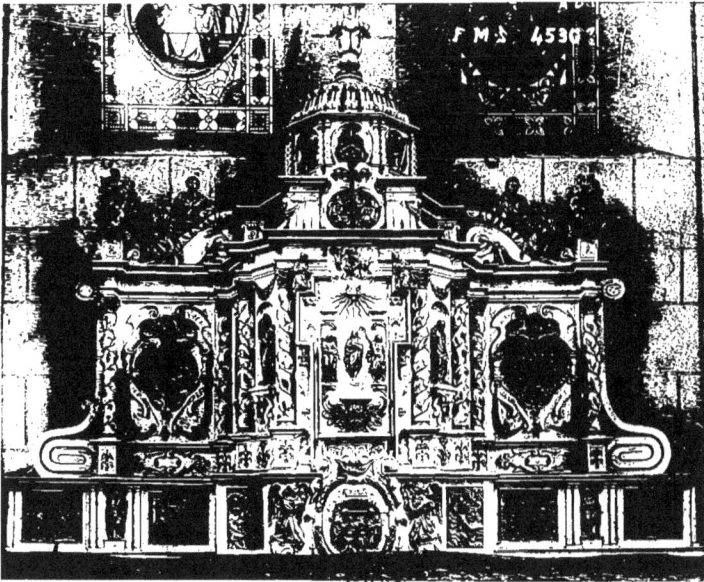

Cl. Martin-Sabon

Cl. Martin-Sabon

167. BRÉANÇON — Retable bois.
168. HAUTE-ISLE — Clôture du chœur.

169. PONTOISE — Église St-Maclou — Jubé.

XVIIe SIÈCLE

PONTOISE — Église St-Maclou — Clôtures du Chœur

Cl. Martin-Sabon

XVIIe SIÈCLE

171. JOUY-le-MOUTIER — Tableau Ex-Voto 1646
Cl. P. Coquelle

172. BELLOY — Banc d'œuvre.
Cl. Martin-Sahon

173. SAINT-SULPICE de FAVIÈRES — Miséricordes des Stalles de chœur.

(Cl. Martin-Sabon.)

174-175-176. GONESSE — Chapes brodées.

Héliotypie Bourdier, Versailles

Cl. Bourdier

177. VERSAILLES — Hôtel de Ville — Médaillon de Louis XVI, marbre de A. Coysevox.

Cl. Bourdier

178. VERSAILLES — Egl. Notre-Dame - Tombeau de Vergennes, marbre de Blaise.

Héliotypie Bourdier, Versailles

PL. 90

Cl. Martin-Sabon

179. — MAGNY-en-VEXIN
Tombeau de l'abbé Dubuisson
marbre de Cl. de Joux

Cl. Bourdier

180. RUEIL. — Le Christ au tombeau. Bas-relief de

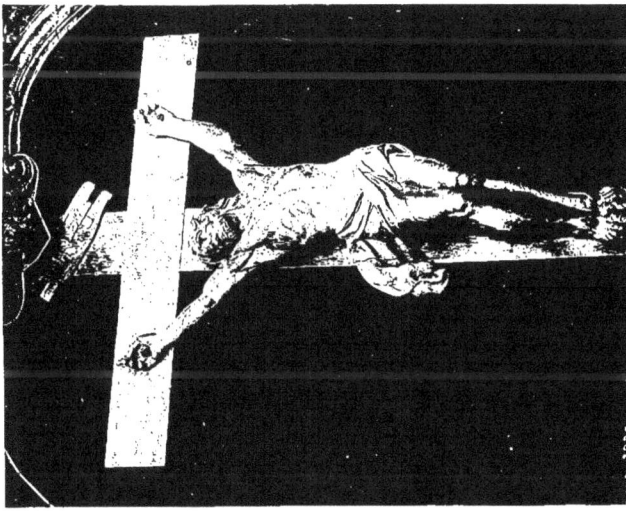

Cl. Martin-Sabon

Cl. Martin-Sabon

181-182. MONTIGNY-les-CORMEILLES — Christ en Croix et Retable

XVIIIe SIÈCLE

Cl. Martin-Sabon

Cl. Martin-Sabon

183-184. MONTIGNY-les-CORMEILLES — Porte de confessionnal et banc d'œuvre.

XVIIIe SIÈCLE

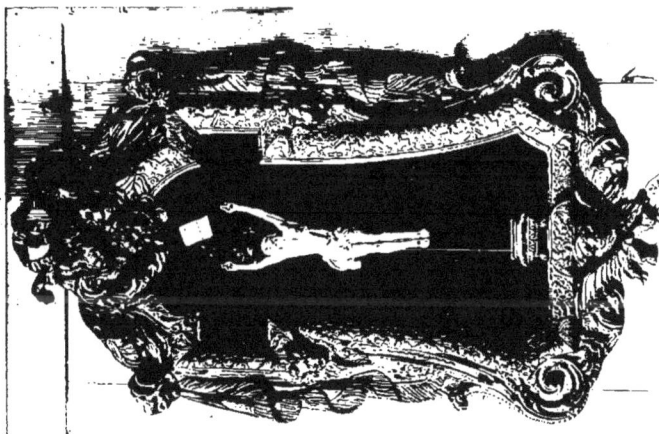

185. MANTES — Hôpital, Crucifix ivoire.

Cl. Bourdier

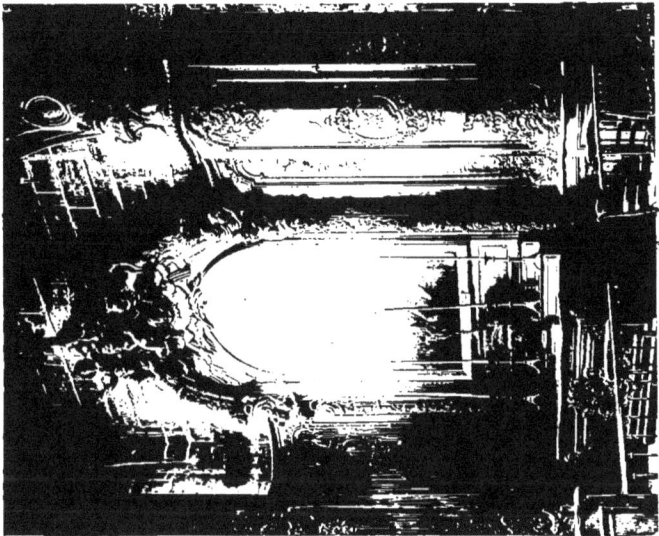

186. POISSY — Boiseries.

Cl. Martin-Sabon

187. CLAIREFONTAINE — Vierge terre cuite de Falguière.

Cl. Bourdier

188. VERSAILLES. Cath. St-Louis
Tombeau du Duc de Berry, marbre de J. Pradier.

Cl. Bourdier

Cl. Bourdier

189. VERSAILLES — Cathédrale St-Louis — St-Pierre délivré de Prison
Tableau de J. B. Deshays 1761.

Cl. Bourdier

190. ORCEMONT — La Vierge des moissons, toile d'Eugène Delacroix 1819.

VERSAILLES — Héliotypie A. Bourdier, 44, rue Duplessis

www.ingramcontent.com/pod-product-compliance
Lightning Source LLC
Chambersburg PA
CBHW052215270326
41931CB00011B/2361